Lore Schultz-Wild · Burkart Lutz
Industrie vor dem Quantensprung

Springer-Verlag Berlin Heidelberg GmbH

Lore Schultz-Wild · Burkart Lutz

Industrie vor dem Quantensprung

Eine Zukunft
für die Produktion
in Deutschland

Mit 10 Abbildungen

#

Lore Schultz-Wild
Konradstr. 16
80801 München

Professor Dr. Burkart Lutz
Institut für Sozialwissenschaftliche Forschung e.V.
Jakob-Klar-Str. 9
80796 München

Dieses Buch entstand im Rahmen eines vom Bundesministerium für Bildung, Wissenschaft, Forschung und Technologie (BMBF)geförderten Vorhabens (Förderkennzeichen: 02PF69026)
Die Verantwortung für den Inhalt liegt allein bei den Autoren

ISBN 978-3-540-61246-9   ISBN 978-3-642-59204-1 (eBook)
DOI 10.1007/978-3-642-59204-1

Die Deutsche Bibliothek - CIP-Einheitsaufnahme
Schultz-Wild, Lore:
Industrie vor dem Quantensprung : eine Zukunft für die Produktion in Deutschland / Lore Schultz-Wild ; Burkart Lutz. - Berlin ; Heidelberg ; New York ; Barcelona ; Budapest ; Hongkong ; London ; Mailand ; Paris ; Santa Clara ; Singapur ; Tokio : Springer, 1997
3-540-61246-7
NE: Lutz, Burkart

Dieses Werk ist urheberrechtlich geschützt. Die dadurch begründeten Rechte, insbesondere die der Übersetzung, des Nachdrucks, des Vortrags, der Entnahme von Abbildungen und Tabellen, der Funksendung, der Mikroverfilmung oder Vervielfältigung auf anderen Wegen und der Speicherung in Datenverarbeitungsanlagen, bleiben, auch bei nur auszugsweiser Verwertung, vorbehalten. Eine Vervielfältigung dieses Werkes oder von Teilen dieses Werkes ist auch im Einzelfall nur in den Grenzen der gesetzlichen Bestimmungen des Urheberrechtsgesetzes der Bundesrepublik Deutschland vom 9. September 1965 in der jeweils geltenden Fassung zulässig. Sie ist grundsätzlich vergütungspflichtig. Zuwiderhandlungen unterliegen den Strafbestimmungen des Urheberrechtsgesetzes.

© Springer-Verlag Berlin Heidelberg 1997
Ursprünglich erschienen bei Springer-Verlag Berlin Heidelberg New York 1997

Die Wiedergabe von Gebrauchsnamen, Handelsnamen, Warenbezeichnungen usw. in diesem Buch berechtigt auch ohne besondere Kennzeichnung nicht zu der Annahme, daß solche Namen im Sinne der Warenzeichen- und Markenschutz-Gesetzgebung als frei zu betrachten wären und daher von jedermann benutzt werden dürften.

Sollte in diesem Werk direkt oder indirekt auf Gesetze, Vorschriften oder Richtlinien (z.B. DIN, VDI, VDE) Bezug genommen oder aus ihnen zitiert worden sein, so kann der Verlag keine Gewähr für die Richtigkeit, Vollständigkeit oder Aktualität übernehmen. Es empfiehlt sich, gegebenenfalls für die eigenen Arbeiten die vollständigen Vorschriften oder Richtlinien in der jeweils gültigen Fassung hinzuzuziehen.

Produktion: PRODUserv SpringerProduktions-Gesellschaft
Satz: Camera ready Vorlage von Autoren
Einbandentwurf: Struve & Partner, Heidelberg;
SPIN: 10532651   7/3020 - 5 4 3 2 1 0 - Gedruckt auf säurefreiem Papier

Vorwort

Dieses Buch ist keine Gebrauchsanweisung und kein Märchenbuch für Manager, weder Kompakt-Nachhilfe noch Vorlage für unternehmerische Erfolgsstories mit Blick aufs nächste Jahrtausend. Es läßt seine Leser und Leserinnen teilnehmen an ebenso kühnen wie realitätsnahen Gedankengängen, Erkenntnissen und praktischen Ergebnissen, die in den vergangenen zwei Jahren im Rahmen und im Umfeld des *Expertenkreises Zukunftsstrategien* entwickelt wurden. Es will keineswegs zum Pfeifen im dunklen Wald verführen, wohl aber dazu, sich auf den Weg zu machen und mit kritischem Selbstbewußtsein auf die eigenen Stärken zu setzen - als Unternehmen wie als Einzelperson.

Kein Zweifel: Vielerorts herrscht Krisenstimmung. Zweierlei prägt die Lage am gern zitierten Industrie- und Produktionsstandort Deutschland. Zum einen die Tatsache, daß deutsche Produkte sich nicht länger unumstritten und überall als erste Wahl problemlos verkaufen lassen. Mittlerweile wird in vielen Regionen der Welt „Qualität" produziert - unter ganz anderen sozialen Bedingungen zwar, aber zu wesentlich günstigeren Preisen. Zweiter entscheidender Faktor ist das Selbstbild dieses Landes, seiner Menschen, seiner Wirtschaft. Was als Image um den Globus kursiert (als Ergebnis diverser Attraktivitäts-Ratings bei Investitionen und Innovationen), was als Rang unter den ersten zehn der „wettbewerbsfähigsten Industriestaaten" gleichgesetzt wird mit Erfolg oder Mißerfolg ganzer Volkswirtschaften, das spiegelt in beachtlichem Ausmaß diese Selbsteinschätzung.

Wer in China das Wort „Krise" schreiben soll, setzt es ganz selbstverständlich aus den Zeichen für „Gefahr" und „Chance" zusammen. Diesem Denkansatz nicht fern hat sich der im Rahmen des Programms „Produktion 2000" gebildete *Expertenkreis Zukunftsstrategien* in einer Reihe von Klausurtagungen, Workshops und Fachgesprächen an die Arbeit gemacht. Dabei nahm er sich das Privileg heraus, über die üblichen Grenzen sowohl der akademischen Disziplinen als auch der gängigen Zuständigkeiten für „Theorie" oder „Praxis" hinauszugehen. Dieser bemerkenswerte Kreis aus betrieblichen Führungskräften, Ingenieur-, Wirtschafts- und Sozialwissenschaftlern hat bewußt „Dilettantismus gewagt" - im Versuch, ganzheitlich zu denken, Wechselbeziehungen zu erkennen, alles in Frage zu stellen und neue Felder visionär aufzugreifen.

Dabei galt die vorrangige Suche nicht etwa *der* Antwort auf die Frage „Welche Strategie sichert die Zukunft der deutschen Industrie?" Gefragt wurde vielmehr und zu fragen ist auch weiterhin:

- Warum fehlt es hier an der Aufbruchstimmung, die notwendig ist, um die neuen Herausforderungen offensiv aufzunehmen?
- Warum gelingt es noch nicht mehr Menschen in den Betrieben, die entscheidenden Blockaden beim Denken und Handeln wahrzunehmen und gemeinsam erfolgreich zu überwinden?
- Warum fällt es vielen Unternehmen so schwer, erkennbare Chancen aktiv zu nutzen?

„Quantensprünge an Produktivität und Menschlichkeit" werden der deutschen Wirtschaft abverlangt. Mit anderen Worten, eine neue „Unternehmenskultur": neue Orientierung auf Kunden, Kooperation, Ökologie; neue Rollen als weiterlernende, motivierte Partner in weltumspannenden Teams. Schlüsselbegriffe wie Lockerlassen, Mitgestalten und Querdenken machen die Runde. Vertrauen und Zutrauen sollen die Routinen der Kontrolle und des Mißtrauens ablösen. Eine „Fragekultur" und gepflegte Neu-Gier sind dringend erwünscht.

Damit entstehen unweigerlich neue Leitbilder der Produktion. Technische Innovationen und organisatorischer Umbau im nötigen Ausmaß lassen sich nicht verwirklichen ohne *systemisches*, vernetztes, ganzheitliches Denken, zum Beispiel in Wertschöpfungsketten und Kreisläufen. Wo Belegschaften und Management diese neuen Orientierungen verpassen, ist das Ende als Konkursbetrieb absehbar.

Die positiven Effekte der neuen Produktionskonzepte einschließlich Personaleinsatz-, Arbeitszeit- und Entlohnungsmodellen lassen sich unschwer an den Ergebnissen einer repräsentativen Umfrage des *Fraunhofer Instituts für Systemtechnik und Innovationsforschung/ISI* ablesen: Eine Steigerung der Produktivität zwischen 8,5 und 11 Prozent nach Einführung von Gruppenarbeit und Qualitätszirkeln, sogar Produktivitätssprünge zwischen 17,5 und über 30 Prozent nach Dezentralisierung, Just-in-Time- oder Null-Puffer-Strategien bzw. einer Kombination verschiedener Elemente sprechen für sich - unabhängig von Branchen und Betriebsgrößen. Als Erfolgsschablonen oder Königswege taugen diese Ergebnisse freilich nicht.

Es gibt ihn jedoch für jeden Betrieb, den eigenen Weg zur Produkt- und Prozeßoptimierung, zu neuer Wettbewerbsfähigkeit - als Alternative zu phantasieloser, rein defensiver Kostenanpassung in

Form von Personalabbau oder Flucht ins Billiglohnexil. Neben den neuen Organisations- und Produktionskonzepten basiert er auf Kooperationsfähigkeit und Qualifizierung, auf Motivation und Wissen als unentbehrlichen „Rohstoffen" für die Industrie.

Das Rahmenkonzept „Produktion 2000" des Bundesministeriums für Bildung, Wissenschaft, Forschung und Technologie und darin die Arbeit des *Expertenkreises Zukunftsstrategien* wird vom *Projektträger Fertigungstechnik und Qualitätssicherung/PFT* am Forschungszentrum Karlsruhe koordiniert. Auch dort wird man sich hüten, den „Quantensprung" im originalen mikrophysikalischen Sinn als „spontanen Übergang von einem statischen Zustand in einen anderen" zu verstehen. Im Zeichen permanenter Flexibilität ist von dauerhaften Zuständen keine Rede mehr - was allerdings bleibt, sind die Anforderungen des Lebens in Widersprüchen und Konflikten.

Insgesamt geht es um noch weit mehr als um „intelligente Produktion" und die Selbstbehauptung der deutschen Industrie im globalen Wettbewerb. Immer wieder neu muß gerungen werden um ein weltverträgliches Gleichgewicht der ökonomischen und ökologischen Kräfte, um Demokratie und soziale Marktwirtschaft als Stabilisatoren in aktuellen und künftigen Turbulenzen.

Dazu wußte *Perikles*, Staatsmann in Athen, bereits im 5. Jahrhundert v.Chr.:

Es kommt nicht darauf an,
die Zukunft vorherzusagen.
Es geht darum,
auf die Zukunft vorbereitet zu sein.

Inhalt

VORWORT	v

1 VOM NOT-WENDIGEN VERZICHT AUF BEWÄHRTE ERFOLGSREZEPTE ... 1

1.1 Verdeckte Warnsignale ... 1
1.2 Fünf historische Rahmenbedingungen ... 4
1.3 Acht Grundsätze als Garanten früherer Erfolge ... 5
1.4 Neue Situation - neue Leitbilder ... 7
1.5 Blockaden im betrieblichen Alltag ... 12
1.6 Der Mut zum Hürdenlauf ... 16

2 AUF DEM „TUGENDPFAD DER ÄNDERUNGSFÄHIGKEIT" DURCH DIE TURBULENZEN ... 23

2.1 Navigatoren für neuen Kurs gesucht ... 24
2.2 Durch die „Erfahrungskurve" in die Falle ... 27
2.3 Vorbilder fördern die Motivation ... 30
2.4 Drei verschiedene Szenarien ... 31
2.5 Sieben Spannungsfelder in der Gestaltung ... 35
2.6 Das neue Ideal: Turbulenzfähigkeit ... 45
2.7 Sechs Thesen als Zwischenbilanz ... 48

3 VON DER IDEE ZUM MARKTERFOLG - INNOVATIONEN SIND KEIN ZUFALL ... 51

3.1 Von Leitbildern und Unternehmenskultur ... 53
3.2 Zwei Dutzend Fragen - irreführende und weiterführende ... 55
3.3 Vier anstoßerregende Diagnosen ... 58
3.4 Vier Thesen ... 60
3.5 Individuelle Innovationsprofile ... 68
3.6 Auf der Suche nach Partnern und neuen Maßstäben ... 72
3.7 Mängelrügen und Empfehlungen ... 74
3.8 Blick in die Zukunft ... 78

4 GLOBALISIEREN ODER RE-REGIONALISIEREN? PIONIERE AUF NEUEN WEGEN DER KOOPERATION ... 81

4.1 Schillernder Begriff und Schwebezustand ... 82
4.2 Vier sehr grundsätzliche Fragen ... 86
4.3 Arbeitsteilung im Netz 88
4.4 ... und unschätzbare Tauschwerte ... 90
4.5 Kooperatives Innenleben ... 92
4.6 Elemente weltweiter Kooperation ... 96
4.7 Zwischen Vorwurf, Forderungen und Vorteilen ... 99

5 **HERAUSFORDERUNGEN NACH DER SCHLANKHEITS-
 KUR: FÜHRUNGSKRÄFTE ALS DIENSTLEISTER -
 BELEGSCHAFTEN ALS MITGESTALTER** 103
5.1 Drei „weibliche K" prägen das neue Management 105
5.2 Individuelle Turbulenzfähigkeit und
 Lust auf Leistung 106
5.3 Talente und Kompetenzen „ganzer Menschen" 113
5.4 Kämpfe, Karrieren und zentrifugale Kräfte 115
5.5 Rollenkonflikt, Zwickmühle und „weiche
 Integrationsfaktoren" 119
5.6 Kommunikation und Freiräume für Veränderung 121

6 **AUSWEGE AUS DER DEZENTRALISIERUNGSFALLE
 UND WIN-WIN-EFFEKTE INTERNATIONAL** 127
6.1 Kompetenzverlust statt Gewinn an Dynamik 128
6.2 Drei Dezentralisierungstypen -
 immer Mittel zum Zweck 130
6.3 Motivationsschub oder Machtverlust? 136
6.4 Mittelständler - Vorbild oder Stiefkind? 140
6.5 Ein neues Verständnis von Controlling 142
6.6 WIN-WIN ersetzt das globale Nullsummenspiel 145

7 **ÜBER TRENDS UND SZENARIEN ZU NEUEN
 LEITBILDERN - ZUKUNFTSFÄHIGE INDUSTRIE
 DANK ÖKOLOGIE UND PRODUKTIONSNAHEN
 DIENSTLEISTUNGEN** 149
7.1 Auch das Negativszenario gewinnt 151
7.2 Megatrends im Wandel 154
7.3 Spannungsfelder und Perspektiven 157
7.4 Visionen für Kreislaufwirtschaft und Logistik 160
7.5 Ökologie, Politik und ein Come-back
 für den Faktor Arbeit 165
7.6 Neue Dienstleistungen, Leitbilder und Chancen 168

8 **DIE ZUKUNFT VON INDUSTRIEARBEIT UND
 LERNEN IM HOCHLOHNLAND D** 173
8.1 Verfallsdauer des Wissens und Wertewandel 174
8.2 Sieben Thesen und sieben offene Fragen 178
8.3 Von der „Salonfähigkeit" industrieller Produktion 182
8.4 Perspektive 2010: Konzepte und Profile 184
8.5 Strategische Leitsätze wider das Weniger-Prinzip 188

ANHANG
- Mitglieder des Expertenkreises Zukunfts-
 strategien und seiner Arbeitsgruppen 193
- Literatur und Quellen 197

1 Vom not-wendigen Verzicht auf bewährte Erfolgsrezepte

*Unser Kopf ist rund,
damit das Denken
die Richtung wechseln kann.*
FRANCIS PICABIA, Maler & Dadaist (1879-1953)

Firmen mit Weltrenommée stehen für Hiobsbotschaften: Massenentlassungen, Werksschließungen, Zahlungsunfähigkeit - Grundig, AEG oder Bremer Vulkan, Daimler-Benz und DASA... Wie konnte das passieren? Es ging doch eben noch so gut! Ohne jede besserwisserische Schuldzuweisung im nachhinein läßt sich die These wagen: Die Gefahr wuchs mit dem Erfolg!

Unbemerkt vielleicht, doch unweigerlich.

Führungskräfte auf allen Ebenen dieser wie anderer, noch prosperierender Unternehmen mögen protestieren: Gerade für Erfolg werden sie doch bezahlt! Das ist richtig. Allerdings geht es jetzt nicht um historischen Lorbeer, sondern um den Erfolg von heute und morgen. Und eben der ist hochgradig gefährdet. Nicht direkt durch die Erfolge von gestern als solche, wohl aber durch die Rezepte, die bewährten Strategien der vergangenen drei bis vier Jahrzehnte.

1.1 Verdeckte Warnsignale

Selbstkritische Manager aus den oberen Führungsetagen geben ohne weiteres zu, daß es noch an angemessenen Reaktionen auf die Warnsignale fehlt, die als deutliche Schwächen einer allzu traditionsgewissen Wirtschaftskultur parallel zu den anerkannten und noch immer so beruhigenden Stärken des Industriestandorts Deutschland aufscheinen:

- Eine mangelhafte Kunden-, Service- und Marktorientierung der Fachkräfte und Entscheidungsträger - *parallel* zur langen Tradition effizienter industrieller Produktion und Technikentwicklung.
- Zunehmende Kostenprobleme - bei *gleichzeitig* durchaus noch gegebenen Vermarktungserfolgen im In- und Ausland.
- Eine insgesamt allzu statische Berufs- und Qualifikationsstruktur, besonders bei den Facharbeitern, verbunden mit zunehmend schlechteren Voraussetzungen, überhaupt geeignete und interessierte Jugendliche für die Produktionsarbeit zu gewinnen - *parallel* zur generationenlang weltweit als vorbildlich gepriesenen Nachwuchsqualifizierung und zum nach wie vor hohen Ausbildungsniveau insgesamt.
- Eine gefährliche Scheu vor dem Blick über den Tellerrand, genauer gesagt: ein höchst unzureichender Wissensstand über Produktionsvoraussetzungen an Standorten außerhalb Deutschlands, kurz: allenfalls „Eurozentrismus" - *parallel* zur hohen Export- und Weltmarktorientierung der deutschen Industrie.
- Die Problematik der stark durch kleine und mittelgroße Unternehmen geprägten deutschen Industriestruktur, die als beachtliche psychologische aber auch betriebswirtschaftliche Hürde vor der als notwendig erkannten Globalisierung steht - *obwohl* gerade diese Struktur zu den Ga-

Immer noch Vorbild, doch allzu statisch

Ökonomische und psychologische Hürde zugleich

ranten für hohe Flexibilität und betriebliche Innovationskraft in Deutschland zählt.

- Eine immer noch zu geringe Bereitschaft der einzelnen zur Mitgestaltung von notwendigen Veränderungen und zur Mobilität - *parallel* zur insgesamt stabilen politischen Situation auf der Basis relativ geringer sozialer Ungleichheit in Deutschland und einer recht ausgeglichenen Orientierung der Bevölkerung auf Arbeit und Freizeit.

Die Vermutung ist also gar nicht so abwegig, daß die deutsche Industrie - ausgerechnet durch ihre Stärken und unbestrittenen Erfolge seit den „Wirtschaftswunderzeiten" - die Fähigkeit verloren hat, heute mit der gebotenen Schnelligkeit auf neue Anforderungen zu reagieren. Weil es so lange nicht notwendig war, aus Krisen zu lernen, sind bei den Führungskräften wie bei den Belegschaften das Gespür dafür und die Bereitschaft dazu verschüttet - und somit eine besondere Art von Kreativität blockiert, die in Krisenzeiten überhaupt erst entsteht.

„Wir gehen statisch miteinander um und nicht dynamisch", lautet immer häufiger die betriebsinterne Kritik.

Im Ausland andererseits wird verwundert registriert, welch „lange Leitung" deutsche Unternehmen sich im Windschatten des früher erfolgszuweisenden *„Made in Germany"* leisten, statt die Herausforderungen angesichts neuer, nicht minder qualifizierter Wettbewerber zu erkennen. Wie lang es andererseits oft dauert, ehe durchaus vorhandene neue Chancen tatsächlich genutzt werden.

Mittlerweile ist es offensichtlich: Sie trügt, die selbstgefällige Wahrnehmung bzw. Aufteilung unserer einen in „erste" bis „dritte" Welt, wobei die

> Erfolg verschüttet eine gewisse Art von Kreativität

> Selbstgefällige Wahrnehmung trügt

"Entwicklungsländer" in gebührendem Abstand dem Vorbild der Industrieregionen Europa und Nordamerika nachzueifern haben. Längst herrscht weltweit Konkurrenz um global knappe Ressourcen (wie Energie, saubere Luft oder Trinkwasser), um Rohstoff- und um Absatzmärkte. Längst bieten hochmotivierte Fachkräfte quasi überall auf dem Globus ihre qualifizierten Dienste an. Erfolgsentscheidend ist nicht länger das traditionell hohe Prestige "deutscher Wertarbeit" ganz generell, es zählen die Antworten der einzelnen Unternehmen auf die Frage nach den tatsächlichen, jeweils eigenen Stärken, den Kernkompetenzen und den industriellen Innovationsstrategien.

1.2 Fünf historische Rahmenbedingungen

Voraussetzungen für jahrzehntelang gültige Leitlinien

Mindestens fünf vergleichsweise stabile Rahmenbedingungen haben dafür gesorgt, daß sich in Deutschland seit Jahrzehnten nahezu unerschütterliche Leitlinien für erfolgreiches unternehmerisches Handeln entwickeln konnten:

1. Die Absatzmärkte waren geprägt von einer langfristig klar vorhersehbaren Dynamik - aufwendige Recherchen zum Abschätzen der Chancen für neue Produkte erübrigten sich, oft genügte die reine Intuition.

2. Investitionskapital, eine der wichtigsten Voraussetzungen für industrielles Wachstum, war zu niedrigen Realkosten erhältlich - als zweitbeste Lösung, wenn die volkswirtschaftliche Sparleistung nicht ausreichte, auch durch Inflation gesichert.

3. Die Zahl ernstzunehmender Wettbewerber hielt sich in Grenzen, ihre jeweiligen Schwächen und Stärken waren offenkundig - in diese quasi „geschlossene Gesellschaft" erkämpfte sich allenfalls ein Nachzügler pro Generation den Zutritt.

4. Natürliche Ressourcen, vor allem neue Energieträger und Rohstoffe waren (ohne Rücksicht auf die Probleme ihrer Regenerierbarkeit) zu günstigsten Preisen erhältlich - dieselbe „Logik" sorgte dafür, daß Unternehmen durch Umweltschutz- und Entsorgungskosten kaum belastet wurden.

Ohne Rücksicht auf Regenerierbarkeit und Entsorgungskosten

5. Hochmotivierte, gut ausgebildete oder ohne größere Probleme zu qualifizierende Arbeitskräfte standen reichlich zur Verfügung - das rasche industrielle Wachstum sicherten in mehreren „Wellen" die Vertriebenen und Flüchtlinge, die aus der Landwirtschaft und anderen wenig profitablen Bereichen Abgewanderten, die zunehmend erwerbstätigen Frauen und schließlich die Gastarbeiter- oder Zuwandererfamilien.

Auf dieser Basis entwickelte sich ein jahrzehntelang gültiges Geflecht von anerkannt erfolgreichen Innovationsstrategien, die sich wechselseitig stützten und verstärkten.

1.3 Acht überholte Grundsätze als Garanten früherer Erfolge

Dieses Geflecht aufeinander bezogener Prinzipien garantierte in erster Linie die Erfolge industrieller Großbetriebe, begründete aber jahrzehntelang auch die traditionelle Stärke vieler kleiner und mittlerer Unternehmen in Deutschland:

1. Sämtliche betrieblichen Abläufe, vor allem in der Produktion, sind maximal durchzuplanen und zu effektivieren.
2. Ressortzuständigkeiten und die unterschiedlichen Ebenen der Verantwortlichkeit müssen arbeitsteilig definiert und klar abgegrenzt sein.
3. Der fachlichen Kompetenz entspricht die hierarchische Position.
4. Unternehmensinterne Lösungen sind allen Alternativen vorzuziehen.
5. Serieneffekte werden bis zum äußersten genutzt.
6. Zur Behauptung auf dem Markt sind existierende Produkte schrittweise zu verbessern (sogenannte inkrementale Produktinnovation) - „Sprunginnovationen" (also die Entwicklung wesentlich neuer Produkte) sind die Ausnahme und eigentlich nur zum Erschließen neuer Märkte nötig.
7. Arbeitssparende Investitionen und Innovationen haben absoluten Vorrang.
8. Kosten und Lasten sind zu externalisieren, so weit es irgend geht.

Veraltete Prinzipien: Hierarchien, Serieneffekte, Einsparen von Arbeitskraft

Kein Zweifel: Moderne Macher auf ihren diversen Führungsebenen lächeln überlegen bis wehmütig oder auch schuldbewußt bei der Lektüre solcher Details eines eindeutig überholten Kriterienkatalogs. (Ganz besonders, so ist zu hoffen, bei Maxime 7, jener jahrzehntelang kaum umstrittenen, arbeitsplatzvernichtenden Selbstverständlichkeit.) Schließlich agieren sie mit Blick auf die Jahrtausendwende. Die weltweite Marktentwicklung bleibt ihnen nicht verborgen. Sie formulieren die zeitgemäße Unternehmensphilosophie für Rechenschaftsberichte und Aktionärsversammlungen. Die neuen Schlüsselbegriffe kommen ihnen flüssig über die Lippen:

- Dezentrale Organisation bis hin zur „fraktalen Fabrik",
- Globalisierung und Kooperation in weltumspannenden Netzwerken,
- Kreislaufwirtschaft und branchenübergreifendes Stoffstrommanagement,
- lebenslanges Lernen am Arbeitsplatz und „Empowerment" der Belegschaften.

Schlüsselbegriffe fürs nächste Jahrhundert

Doch setzen diese modernen Macher in ihrer betrieblichen Praxis tatsächlich um, was sie in Bestsellern gelesen, in aufwendigen internationalen Managementseminaren gelernt haben und im Kollegenkreis wortreich beschwören?

1.4 Neue Situation - neue Leitbilder

Die weltweit zu beachtenden, tiefgreifend veränderten Rahmenbedingungen industrieller Produktion wirken sich auf jede Unternehmensführung aus, nicht zuletzt und geradezu dramatisch (auch wenn das vielfach nicht so gesehen wird) am Standort Deutschland. Konkret beeinflussen sie Beschäftigungs- oder Arbeitslosenquoten, Löhne, Sozialleistungen und Umweltstandards. Realitätsnahe und praktikable Leitbilder müssen diesen Veränderungen so schnell wie irgend möglich Rechnung tragen und zur Selbstverständlichkeit werden. Sonst ist unser gewohnter Wohlstand unrettbar dahin.

Der gewohnte Wohlstand ist in Gefahr

Weil ...	**deshalb ...**
... immer größere Kundengruppen rasch wechselnden Trends und Moden folgen, weil unstetes, von Werbung mehr oder weniger geprägtes Verbraucherverhalten den Markt geradezu chaotisch wirken läßt,	... wird mit der Abgabe von Verantwortung „nach unten" und flacheren Hierarchien in Profitzentren, Fertigungsgruppen oder Unternehmensmodulen die Organisation dezentralisiert und die Markt- oder Kundennähe erhöht.
Weil ...	**deshalb ...**
... offensive, häufig äußerst flexible neue Wettbewerber auftreten, mit Zugang zum neuesten technischen (Spezial)-Wissen und meist ohne langjährige unternehmerische Verpflichtungen,	... muß in den Betrieben die Kooperation zwischen zuvor abgeschotteten Bereichen (etwa Forschung / Entwicklung, Planung / Ausführung) gestärkt werden, müssen die Innovationspotentiale kleiner und mittlerer Unternehmen partnerschaftlich genutzt, Zulieferer und Kunden in die Produktentwicklung einbezogen werden.
Weil ...	**deshalb ...**
... Umweltbewußtsein, Umweltbelastungen und infolgedessen auch Umweltkosten an Bedeutung wie an Brisanz und ökonomischer Relevanz weltweit ständig zunehmen,	... sind ganzheitlich-ökologische Grundsätze bei der Produktentwicklung und das Wirtschaften in Kreisläufen einerseits unabdingbar, andererseits kein schlechter Trumpf zur Sicherung eines entscheidenden Vorsprungs auf dem Weltmarkt.
Weil ...	**deshalb ...**
... der Arbeitsmarkt weder die zunehmende Arbeitslosigkeit verhindern, noch die gleichzeitige Knappheit an besonders gefragten Qualifikationen beheben kann, und weil traditionelle Industriearbeit als solche den veränderten Erwartungen der nachwachsenden Generation immer weniger entspricht,	...gehören langfristige Personalentwicklung, Weiterbildung auch am Lernort Arbeitsplatz, Antworten auf Fragen der Internationalisierung sowie die gezielte Förderung und Anerkennung möglichst vieler Fähigkeiten und Potentiale aller Belegschaftsmitglieder zu den wichtigsten Führungsaufgaben.

Weil ...	deshalb ...
... die Absatzmärkte im Ausland immer bedeutsamer werden, die Konkurrenz immer stärker, die Kundschaft immer anspruchsvoller, die Argumentation über den Preis immer stichhaltiger,	... wird immer häufiger die Produktion genau dorthin verlagert, wo sie sich verkaufen läßt, wo der unmittelbare Kontakt zu den Kunden gewährleistet ist und überdies die Arbeitskräfte um ein Vielfaches billiger sind als in Deutschland.
Weil ...	**deshalb ...**
... auf den internationalen Finanzmärkten und infolgedessen im Verhältnis der Währungen zueinander bis dato kaum beherrschbare Turbulenzen auftreten,	... tun Unternehmen gut daran, sich in weltweite Entwicklungsverbünde zu integrieren, ihre Chancen im Ausland zu nutzen und deutsche Produktionsstandorte in globalen Netzwerken zu positionieren.

Zusammenhänge solcher Art sind alles andere als überraschend. Die Vorteile der neuen Organisations- und Innovationsprinzipien liegen auf der Hand: Mobilisierung bisher nicht genutzter „Humanressourcen", Spareffekte bei den Strukturkosten, rascheres und effizienteres Reagieren auf veränderte Marktgegebenheiten. Dennoch: Die Umsetzung läßt erheblich zu wünschen übrig.

Woche für Woche kommen Herren und Damen höchst animiert von Führungskräfteseminaren oder Workshops mit prominenten Moderatoren zurück in ihre oberen Etagen und - nichts tut sich! Woche für Woche ...

Die überaus stabilen, längst überholten, aber so beruhigend eingeschliffenen Grundmuster wirken trotz allen offensichtlichen Wandels unterschwellig weiter und weiter. Das ist gefährlich, auf lange Sicht geradezu selbstmörderisch, denn im Grunde bezweifelt ja niemand die neuen strategischen Erkenntnisse.

Auf lange Sicht geradezu selbstmörderische Traditionstreue

- Das vergleichsweise hohe Wohlstands- und noch verbliebene Wohlfahrtsniveau in Deutschland läßt sich nur durch qualifizierte, innovative Produktion sichern - selbst eine weiter zunehmende hochentwickelte Dienstleistungsökonomie, kombiniert mit einem noch so lukrativen Verkauf von Blaupausen, wird auf die Dauer nicht das Überleben der Volkswirtschaft gewährleisten können.

„Humusbildung" durch Produktionsnähe ist überlebenswichtig

- Ohne die „Humusbildung" eigener Produktionsstätten wäre es in deutschen Unternehmen binnen kurzem auch um die Existenz- und Entwicklungsbedingungen für kreative, innovative Köpfe geschehen.

„Nur bei Produkten, die wir - wenigstens in der ersten Entwicklungsstufe - selbst produziert haben, waren wir zu wirklichen Innovationen in der Lage. Die meisten Neuentwicklungen sind aus der praktischen Erfahrung heraus entstanden." Expertenstatements dieser Art untermauern die von Ingenieur-, Sozial- und Wirtschaftswissenschaftlern gleichermaßen vertretene These, daß Technologieführerschaft undenkbar ist, wenn man die Produktion nicht selbst beherrscht. Nur mit selbst erworbenem und selbst weiterentwickeltem technischem Know-how ist eine Position auf dem Weltmarkt zu erobern und zu behaupten.

Internationalisierung: mehr als ein Ausweichmanöver

- Also braucht der Industriestandort Deutschland neue Rezepte und ein deutlich erweitertes Verständnis von „Internationalisierung" - weit über Ausweichmanöver in Billiglohn-Regionen und das Erschließen neuer Absatzmärkte hinaus: Es geht um das erfolgreiche Einklinken in transnationale Produktionsnetze und multilaterale, dynamische Lieferzusammenhänge.

Leicht gesagt, aber unendlich schwer getan für die neuerdings vielgeforderten Mittelständler mit traditionellerweise eher wenig Erfahrung auf dem internationalen Parkett.

- Bewährte und neue Technologien können und müssen kombiniert werden zu einem kontinuierlichen, breiten Fluß von Innovationen mit großer Reichweite. Vor allem müssen die Ideen rasch umgesetzt und mit einem höheren „Dienstleistungsgehalt" angereichert werden.
- Eine offenere, dezentralisierte, kooperative Unternehmensorganisation stellt ungewohnt doppelbödige Anforderungen an die Beteiligten auf sämtlichen Ebenen: Selbstbehauptungs- und Durchsetzungsvermögen im Interesse des eigenverantwortlich geführten Bereichs und zugleich Kohäsionsvermögen, also die Bereitschaft, zusammenzuhalten und das Ganze nicht aus dem Blick zu verlieren. Aber das läßt sich lernen.

Vielschichtige Ansprüche

Kämpferische Geister vergleichen Unternehmen, die erfolgreich auf den Weltmärkten agieren, bislang gern mit Schlachtschiffen - wesentlich angemessener ist ab sofort der Vergleich mit einer Schnellboot-Flottille. Unbeantwortet bleibt bis auf weiteres allerdings die Frage von *Burkart Lutz*: Wie läßt sich garantieren, daß die Schnellboote sich im Eifer des Gefechts nicht auch gegenseitig beschießen?

Schnellboot-Flottille statt Schlachtschiff

Im milden Licht noch immer akzeptabler Betriebserfolge ist offenbar die Wahrnehmungsbereitschaft dafür nur schwach entwickelt, daß es sich bei den derzeitigen Veränderungen um schmerzhafte Umbrüche mit weltweiten Ursachen und ebensolchen Folgen handelt. Wer auf traditionell bewährte Strategien wie „Aussitzen",

Globale Ursachen für extreme Umbrüche

"Überwintern" oder "Augen zu und durch" setzt, klammert sich vergeblich an die trügerische Hoffnung, es könnte sich letztlich auch diesmal wieder nur um ein vorübergehendes Schwächeln, um einen "Branchenschnupfen wie gehabt" handeln - und eines schönen Tages würde alles wieder gut ... Eindrucksvoller setzt die Erkenntnis sich in tiefgreifenden Krisen durch - doch dann ist es oft schon zu spät.

Globalisierung verringert das Wohlstandsgefälle

Manager wie *Hans Klingel* oder *Randolf Rodenstock* machen sich und anderen nichts vor, wenn sie immer wieder an zwei Dinge erinnern: Zum einen, daß die nicht zuletzt für die deutsche Industrie profitable Globalisierung der Arbeitsmärkte unweigerlich einen Abbau jenes weltweiten extremen Wohlstandsgefälles zur Folge hat, das bisher ausschließlich zu Gunsten der etablierten Industrieländer funktionierte. Ein bißchen mehr Teilhabe und Gerechtigkeit also für zielstrebige Menschen in den Ländern des Südens - wenn auch kein rechter Trost für arbeitslose Facharbeiter hierzulande. Zum andern, daß die Entwicklung qualifizierter, selbstbewußter Konkurrenz in den neueren Industrieregionen und Schwellenländern durchaus auch in unserem Interesse liegt. Weil Lebens-, Lern- und Verdienstchancen dort nämlich mit dazu beitragen, eine gigantische Völkerwanderung in Richtung Europa zu vermeiden - oder gar einen militärisch erzwungenen Wohlstandstransfer.

Mehr Gerechtigkeit und qualifizierte Konkurrenz statt Sturm auf die Festung Europa

1.5 Blockaden im betrieblichen Alltag

Andererseits tun sich selbst problembewußte und einsichtige Führungskräfte überraschend schwer mit der Umsetzung der neuen Leitprinzipien in ihrem betrieblichen Alltag. Häufig nicht so sehr wegen der Widerstände in Kollegenköpfen, sondern in allererster Linie wegen jener strukturellen Blockierungen, die die Erfolge der Vergangenheit hinterlassen haben.

Gerade jene Prinzipien, die heute als hartnäckige Hindernisse auf dem Weg in eine vielversprechende Zukunft liegen, hatten ja früher eine höchst willkommene Funktion - je fester sie in der jeweiligen Unternehmensstruktur verankert waren, desto effizienter wirkten sie. Wer sich auf ihre bedingungslose Gültigkeit verlassen konnte, war sicher, auch unter Zeitdruck keinen gravierenden Fehler zu machen, keinen der als wesentlich geltenden Rahmenfaktoren für Entscheidungen aller Art zu vergessen.

Heute hinderliche Prinzipien waren früher sehr effizient

Routiniertes Ressortdenken à la „...meine Baustelle!" oder eben „...nicht mein Bier!" erleichterte die Arbeit (zumindest aber das Weiterschieben von Verantwortung für allerlei Pannen) - auf Führungs- und Ausführungsebenen gleichermaßen. Ob verbesserter Produktionsablauf, das Erschließen neuer Märkte, Rationalisierung einzelner Prozeßabschnitte oder Steigerung der Rentabilität ganzer Unternehmensteile - im Prinzip war alles bereits geklärt, es ging nur noch um Detailvarianten für die jeweilige Praxis.

Was früher die Unternehmensabläufe und Managemententscheidungen vom grundsätzlichen Abwägen der immer wieder auftauchenden, mehr oder weniger gleichen Argumente pro und contra entlastet hat, steht der heute nötigen Flexibilität auf allen Ebenen eines Unternehmens massiv im Wege.

Denkroutinen als hartnäckige Hindernisse

Ressortdenken

... klärte *bisher* die Zuständigkeiten, verhinderte Grenzüberschreitungen nach der einmal erfolgten Aufgabendefinition und sicherte so die „Besitzstände" im Hinblick auf Einfluß, Macht, Prestige.

... behindert *heute* die kreativen Ansätze dazu, ressortübergreifende Herausforderungen zu meistern und schwer einzuordnende Probleme gemeinsam zu lösen.

Qualifikationsniveau und Ausbildungsinhalte

... orientierten sich *bisher* an der Massenproduktion, bereiteten auf unvermeidliche Belastungen vor und nur im Idealfall auf Weiterbildung, absehbare Substitutionsprozesse oder notwendige Umschulungen.

... sollten *heute* neben Fach- und Methodenkompetenz vor allem soziale, kommunikative und innovative Fähigkeiten stärken, Flexibilität und Eigenmotivation fördern und neugierig machen auf die ganze Welt.

Grundlagen der betrieblichen Kalkulation

... waren *bisher* die Lohn- und Lohnnebenkosten - mit der Konsequenz, daß sämtliche Investitionen und Innovationen sofort und in erster Linie nach ihrer arbeitssparenden Wirkung beurteilt werden konnten; die Regeln des betrieblichen Rechnungswesens waren zugleich ausschlaggebend z.B. für die Kreditwürdigkeit.

...sollten *heute* und künftig vor allem energie- und ressourcensparende Überlegungen sein - gekoppelt mit der Idee, bei den Finanzierungs- und Investitionskosten zu sparen zugunsten lebendiger, qualifizierter Arbeit; der traditionelle Rechenansatz vermittelt (genau wie das Steuersystem) zunehmend falsche Signale.

Datenauswahl und Informationsauswertung

... beschränkten sich *bisher* auf überschaubare, relativ kurze Zeiträume, unmittelbare Unternehmensziele, die wohlbekannte Konkurrenz und eine möglichst solide Zukunft.

... dürfen *heute* langfristige Planung neben unmittelbarer Verteidigung der Marktposition nicht vernachlässigen, müssen globale Entwicklungen verfolgen und Visionen unterstützen.

> **Außenbeziehungen des Unternehmens**
>
> ... waren *bisher* nach den Regeln eines Verkäufermarktes ganz pragmatisch auf Zulieferer und Abnehmer zugeschnitten; Kooperationspartner wurden allenfalls zum Ausgleich eigener Schwächen gesucht.
>
> ... müssen *heute* - genau wie die innerbetrieblichen - vor allem als Kundenbeziehungen gepflegt werden; Partnerschaften sind in erster Linie auf wechselseitige Stärkung anzulegen.

Kein Wunder, daß traditionell bewährte, dermaßen vielschichtig im Unternehmen verankerte Denkweisen, Grundsätze und Funktionszusammenhänge auch bei viel gutem Willen nur mit vereinten Kräften mühsam beiseite geräumt werden können. Meist ist dies bisher allenfalls in akuten Krisenzeiten gelungen - vorher gewinnt immer wieder die Scheu vor unbekannten Risiken auf den neuen Wegen die Überhand.

Die alte Scheu vor neuen Wegen

Wer aber bringt tatsächlich den Mut, die Zeit und die Überzeugungskraft auf, frühzeitig vor Ausbruch des Sturms ein völlig unerprobtes Steuerungssystem als verbindlichen Orientierungsrahmen einzuführen? Die zweifellos vorhandenen Risiken sind doch eigentlich weniger dramatisch, wenn jetzt, in einer Phase ohnehin herrschender allgemeiner Unsicherheit, und nicht erst im Moment vor dem Zusammenbruch die Neuorganisation gewagt wird. Alle Erfahrungen zeigen, daß auf motivierte Verbündete am sichersten Verlaß ist - innerhalb des Unternehmens und außerhalb.

Geradezu fatal wirkt es in diesem Zusammenhang, daß die mittlerweile völlig unrealistischen Erfolgsrezepte der Vergangenheit nicht nur bei Kreditinstituten weiterhin als Bonitätskriterien gelten. Auch in viel zu vielen betriebswirtschaftlichen Fakultäten werden sie weiterhin verbreitet - als gesichert geltendes Wissen über Arbeitsorganisation und Unternehmensführung. Selbst an Techni-

Fatale Fehldeutungen in Banken und Hochschulen

schen Universitäten werden sie nach wie vor häufig als Grundlagen, exemplarische Vorgehensweisen und Orientierungsgrößen der Ingenieurwissenschaften vorgestellt.

Dabei ist die Autonomie von Hochschulen und Forschungsinstitutionen unbestritten, wird der Transfer der Ergebnisse ihrer Innovationskraft dringend gewünscht. Vereinzelt ist die nur leicht überspitzte Diagnose „allzu zaghaftes Infragestellen des längst von der weltweiten Entwicklung Überholten" zu hören. Allenfalls damit läßt sich erklären, daß noch immer keine Alarmstimmung herrscht. Denn die Schere klafft vielfach extrem auseinander zwischen akademischen Ausbildungs- und Forschungsleistungen einerseits und den tatsächlichen Notwendigkeiten der industriellen Praxis samt volkswirtschaftlichem Innovationsbedarf auf der anderen Seite.

Trotz aller Strapazen: keine Erfolgsgarantie

Weil also das quasi geschlossene System von traditionellen Erfolgsstrategien und betrieblichen Strukturen weiterhin in solch hohem Ansehen steht, wirken Unternehmen, die sich, idealerweise im Einvernehmen zwischen Führungskräften und Belegschaften, aus diesem fatalen Zirkel lösen wollen, geradezu revolutionär. Solch ein grundlegender Wandel ist nicht nur irritierend und anstrengend, er ist auch kostspielig, er verlangt einen langen Atem und - der Erfolg ist nicht garantiert.

1.6 Der Mut zum Hürdenlauf

Weit über das üblicherweise zu tragende wirtschaftliche Risiko hinaus geht es um das unternehmerische Wagnis, vier beachtliche Blockierungen in ganz unterschiedlichen Zusammenhängen zu überwinden:

- die Wahrnehmungsblockade,
- die Flexibilitätsblockade,
- die Kompetenzblockade und
- die Implementationsblockade.

Die *erste Hürde* ist vergleichsweise leicht zu bewältigen. Es geht „nur" darum, die betrieblichen Scheuklappen abzulegen. Die weltweiten Veränderungen sind nicht nur zur Kenntnis zu nehmen, sondern in ihrer Bedeutung richtig einzuschätzen. Darauf ist dann nicht etwa kurzfristig-taktisch, sondern strategisch zu reagieren. Unterstützung beim Wahrnehmen des Notwendigen kann aus einer künftig viel engeren Zusammenarbeit zwischen Wirtschaft und progressiven Wissenschaften kommen - zum allseitigen Nutzen.

Betriebliche Scheuklappen ablegen

Mut gehört dazu, weil das Wissen und die wirklich förderlichen Erkenntnisse aus Hochschulen und Forschungsinstituten durchaus auch unbequeme, nicht unmittelbar positiv zu Buche schlagende Anforderungen nach sich ziehen dürften.

Die *zweite Blockierung* ist vor allem darauf zurückzuführen, daß trotz aller dynamischen Veränderungen rund um die industrielle Produktion das Hauptinteresse immer noch dem höchsten technisch möglichen Automatisierungsgrad gilt - getreu der Maxime: Die Masse bringt's! Dabei geht es jetzt und in Zukunft für deutsche Produzenten wie für ihre weltweiten Abnehmer in allererster Linie um flexible Lösungen für eine große Vielfalt rasch wechselnder Kundenansprüche.

Flexible Lösungen für vielfältige Kundenansprüche

Noch erfordert es Mut, auf die dringend nötigen, leicht anzupassenden „Low-Cost-Elemente zur High-Tech-Automatisierung" zu setzen, denn bislang werden vorwiegend aufwendige Automatisierungslösungen zur Steigerung der Rentabilität der Massenproduktion entwickelt. Die Herausfor-

Gesucht: intelligente, preiswerte, variable Module

derung richtet sich also an die Kooperationsfähigen und Kreativen in Unternehmen wie Instituten: Gefragt sind intelligente, aus ebenso einfachen wie technologisch ausgefeilten Modulen kostengünstig und höchst variabel aufzubauende Fertigungssysteme. Nicht zuletzt dadurch können neue Quellen zur Zukunftssicherung der Produktion sprudeln.

Die Kompetenzblockade als *dritte Hürde* ist psychologischer wie organisatorischer Natur. Es geht darum, im Unternehmen und außerhalb die richtigen Beratungsinstanzen, Nachwuchskräfte und Expertenzirkel zu finden oder zu etablieren, um sie als Verstärkung und Begleitschutz auf dem ungewissen Weg in die neustrukturierte Welt einzubinden.

Vertrauen in neue Kräfte

Mut gehört dazu, weil erfahrungsgemäß mit massiven Widerständen zu rechnen ist, sobald versucht wird, neben bisherigen Autoritäten und quer zu wohletablierten Kompetenzbereichen neuen Kräften einen gewissen Einfluß zuzugestehen. Wo immer es gelungen ist, sollte der Erfolg als ermutigendes Beispiel publik gemacht werden.

Vor *der vierten Hürde,* der vermutlich zentralen Implementationsblockade, stehen typischerweise die Führungskräfte genau jener Unternehmen, die sich bereits mutig auf eine strategische Neuorientierung eingelassen haben.

Hilfestellung statt Kurzschlußreaktionen

Aus diesem Dilemma soll nun aber keineswegs kurzschlüssig gefolgert werden, daß man sich den Mut für die zuerst genannten Schritte sicherheitshalber gleich spart, sich also gar nicht erst um die Überwindung der ersten drei Hürden bemüht. Im Gegenteil! Die Schlußfolgerung heißt: Hier muß Hilfestellung ansetzen.

Unvorhersehbare Probleme

Diese vierte Blockierung resultiert von Fall zu Fall aus ganz unterschiedlichen, oft nicht vorhersehbaren und deshalb überraschenden Problemen.

Ob infolge beherzter Dezentralisierung das Unternehmen auseinanderzubrechen droht, ob nach der Delegation von Verantwortung in einzelne Arbeitsgruppen die Produktivität doch nicht im errechneten Ausmaß steigt oder ob die Kooperation im weltumspannenden Netzwerk nicht rasch genug neue Impulse bringt - in jedem Fall droht als Konsequenz entweder der panikartige Abbruch der gesamten Reorganisation, ein Steckenbleiben auf halbem Wege oder ein herber finanzieller Einbruch.

Um in dieser Phase nicht ausgerechnet die Pioniere im Regen stehenzulassen, fördert die Bundesregierung im Rahmen des Programms „Produktion 2000" Verbundprojekte mit ausgesprochenem Modellcharakter, wissenschaftlich begleitet und über vielfältigen Erfahrungsaustausch vernetzt. Das mit vereinten Kräften angestrebte Ziel setzt sich aus zwei Teilzielen zusammen:

BMBF-Förderprogramm „Produktion 2000"

- Die Fähigkeit deutscher Unternehmen zu struktureller Innovation und damit zur internationalen Wettbewerbsfähigkeit soll nachhaltig gesteigert werden und
- die den aktuellen und künftigen ökonomischen Rahmenbedingungen entsprechenden strategischen Unternehmensgrundsätze sollen möglichst rasch und umfassend in möglichst allen Köpfen und Betriebsstrukturen verankert werden.

Neues Denken also für neue Chancen! - Leicht und oft gesagt, schwer getan. Zur Erinnerung und zur Förderung des notwendigen neuen Selbstbewußtseins im Betrieb ist in der folgenden Übersicht - ohne Anspruch auf Vollständigkeit - dieses neue dem alten Denken gegenübergestellt.

Neues Selbstbewußtsein im Betrieb

Überholtes, lineares Denken:	Neues, vernetztes Denken:
Der Betrieb hat zu funktionieren - seine Einzelteile sind zu warten wie eine Maschine.	Der Betrieb wächst und lernt, ist störanfällig und zu pflegen wie ein lebendiger Organismus.
Die Belegschaft hat mit den jedem Arbeitsplatz detailliert zugewiesenen und durchrationalisierten Arbeitsschritten dafür zu sorgen, daß das System nach Vorschrift läuft.	Jedes Belegschaftsmitglied soll (auch durch Weiterbildung am Arbeitsplatz) in die Lage versetzt werden, Entscheidungen zu treffen und Betriebsabläufe mitzugestalten.
Die Beschäftigten bekommen nur die Informationen, die sie in ihrer Funktion oder für den ihnen zugeteilten Zuständigkeitsbereich unbedingt benötigen.	Damit sie ihre Aufgaben selbstverantwortlich organisieren können, haben die Beschäftigten Zugriff auf alle sie interessierenden Informationen im weitverzweigten Netz.
Perfekte Organisation, ökonomische Sachzwänge und das Streben nach der Verwirklichung immer neuer technischer Möglichkeiten bestimmen die Betriebsabläufe - wobei die Kunst darin besteht, sie in ihrer Komplexität dank genauer Einhaltung von Regeln und Meßgrößen zu beherrschen.	Ziel der ganzheitlich konzipierten Betriebsabläufe ist die Kundenzufriedenheit - die Kunst besteht darin, durch Kompetenz, Innovationsfähigkeit und wechselnde Kooperationen die komplexen, häufig im voraus nicht genau definierbaren Zusammenhänge zu nutzen und in profitable Bahnen zu lenken.
Verantwortlich sind „die da oben", Entscheidungen bleiben den Zuständigen vorbehalten, jede Veränderung ist als mögliche Bedrohung des erreichten Status zunächst abzuwehren.	Jede und jeder ist nach Absprache im Team für die übernommene Aufgabe und zugleich für den Gesamterfolg verantwortlich, Veränderungen können die Dynamik fördern und werden zunächst als Chance begrüßt.

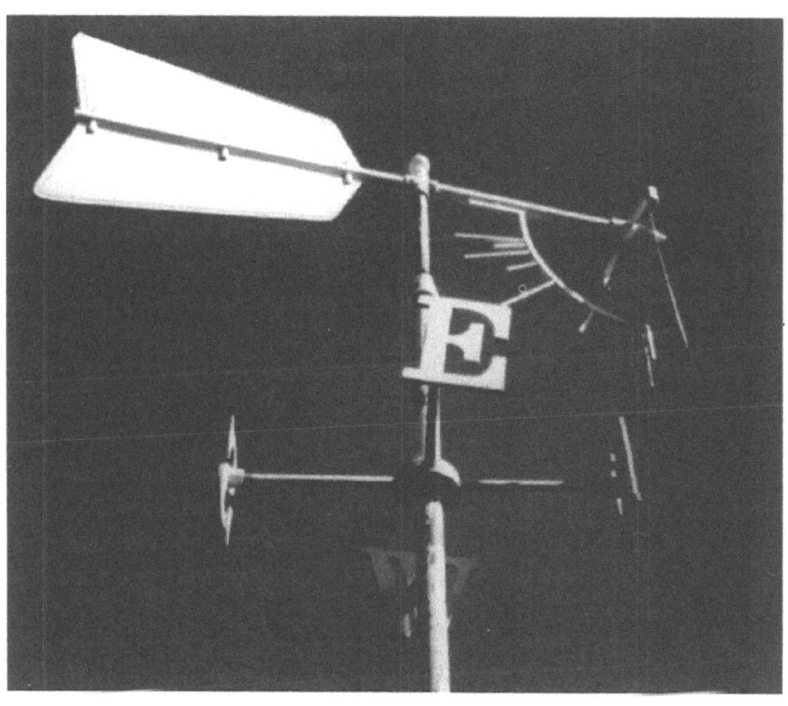

Der Dadaist *Francis Picabia* steht nicht im Ruf, ein Vordenker der Unternehmensführung mit Blick aufs nächste Jahrtausend gewesen zu sein. Dennoch paßt in diesen Kontext ganz vorzüglich, was er, Maler und Schriftsteller, bereits in der ersten Hälfte dieses Jahrhunderts bemerkte: *Unser Kopf ist rund, damit das Denken die Richtung wechseln kann.*

Der Merksatz des Dadaisten

2 Auf dem „Tugendpfad der Änderungsfähigkeit" durch die Turbulenzen

> *Wenn man etwas Neues macht,*
> *ist man nicht sicher,*
> *ob es besser wird.*
> *Aber wenn etwas besser werden soll,*
> *muß man etwas Neues machen*
> GEORG CHRISTOPH LICHTENBERG,
> Physiker & Schriftsteller (1742-1799)

Chaotisch, hektisch, turbulent ... Mit welchem Wort läßt sich am treffendsten beschreiben, was für „Zustände" in deutschen Unternehmen und auf den für sie entscheidenden Märkten herrschen? Beunruhigend klingen sie alle drei, doch in ihrer Bedeutung unterscheiden sie sich erheblich.

Turbulenzen kennen wir als Flugpassagiere - zumindest vom Hörensagen. Die Furcht vor Turbulenzen ist weit verbreitet, und das aus verständlichen Gründen:

- Die auslösenden Störfaktoren bleiben lange Zeit unbekannt oder werden nicht beachtet. Der Beginn einer Turbulenz ist nicht genau vorhersehbar, trifft uns also eher unverhofft.
- Weil wir nicht oder nicht genügend orientiert sind, fühlen wir uns unsicher. Ohne genauere Kenntnisse und professionelle Fähigkeiten sind wir handlungsunfähig, auf das Urteil und die Initiative anderer angewiesen.
- Turbulenzen entwickeln ihre Eigendynamik mit hoher Geschwindigkeit, ohne Rücksicht auf menschliche Reaktionszeiten. Das Festhalten

am vermeintlich immer noch richtigen Kurs verursacht eventuell den Absturz - über rettende Umwege zum Ziel kann nur ad hoc entschieden werden.

Umsicht und Kooperation sind gefragt

- Turbulente Situationen sind komplexe Situationen, die umsichtiges und kooperatives Handeln auf mehreren Ebenen gleichzeitig verlangen - je überraschender der Umschwung, desto dringlicher.

Kurz gesagt: Turbulenzen sind ganz normal, heutzutage.

2.1 Navigatoren für neuen Kurs gesucht

Entscheidend für aktive Unternehmen (im Gegensatz zu passiven Fluggästen) ist die Art und Weise, wie Führungskräfte und Belegschaften sich auf diese neue Normalität einstellen. Navigationskunst ist gefragt. Vielfach reichen die Reaktionen noch nicht über das Spektrum zwischen ungerührtem Bestehen auf dem alten Kurs, fasziniertem Beschwören der drohenden Gefahr und verschrecktem Auswechseln von Piloten, Kompaß oder Reiseziel hinaus.

Turbulenz-Vorboten rechtzeitig erkennen

Dabei geht es im Grunde ausschließlich darum, die durchaus seit längerem erfahrbaren Turbulenz-Vorboten als solche zu erkennen und sich auf die zweifellos heftigen Folgen vorzubereiten:

- Stagnierende oder rückläufige Nachfrage bei erhöhtem Preisdruck auf bis dato stabilen Märkten,
- wachsende Kundenansprüche, das Erstarken qualifizierter Konkurrenz und zugleich neue

Kooperations- oder Absatzmöglichkeiten auf den Weltmärkten,
- die „Vergreisung" der Bevölkerung,
- Probleme mit der „Besitzstandswahrung" in unserer Wohlstandsgesellschaft und bei der Finanzierbarkeit der sozialen Elemente unserer Marktwirtschaft,
- eine neue Medienkultur und ein deutlicher „Wertewandel",
- der Umbruch von der vertrauten Produktions- in eine Dienstleistungsgesellschaft und
- nicht zuletzt die Gefahr für das weltweite ökologische Gleichgewicht bei einem weiteren Ausbreiten der konventionellen Industrialisierung unter unveränderten, kapital- und technikorientierten Vorbedingungen.

Umbrüche und Störungen des Gleichgewichts

All das ist ja nicht urplötzlich vom Himmel gefallen. Dafür gibt es Gründe, Ursachen und Verursacher.

Zu den folgenschwersten Ursachen gehören die bereits aus dem 1. Kapitel bekannten alten Steuerungsinstrumente, vom betrieblichen Rechnungswesen über das immer weniger greifende Arbeits- und Steuerrecht bis zu den fein säuberlich getrennten Hierarchie- und Ressortebenen. Besonders irritierend sind die Folgen, wenn im Betrieb die Überzeugung herrscht, man sei bereits auf dem besten Weg in die innovative Zukunft, voll emanzipiert von der Vergangenheit - und dabei wird immer noch unter den alten Prämissen agiert.

Folgenschwere Ursachen, irritierende Konsequenzen

Mit dem Beschluß einer Unternehmensleitung beispielsweise, ab sofort „autonome Arbeitsgruppen" einzuführen, ist noch nichts gewonnen - allenfalls die Grundlage zu einer grandiosen Selbsttäuschung und damit Fehleinschätzung der gesamten Lage geschaffen.

„Autonomie" als verbrämte Bankrotterklärung

Schlimmstenfalls ist nämlich dieses Zugeständnis von „Autonomie", die Abgabe gewisser Entscheidungsbefugnisse von oben nach unten, nichts als die verbrämte Bankrotterklärung des Managements: „Wir blicken nicht mehr durch - Ihr wißt doch selbst am besten, was nicht klappt - Nun löst die Probleme mal schön autonom!"

Dabei muß es sich ganz und gar nicht um Bösartigkeit handeln. Meist ist vor allem die „gerasterte Wahrnehmung" als Ursache im Hintergrund auszumachen: Mit wachsender Unübersichtlichkeit wird es für jeden Menschen, also auch für Führungskräfte unmöglich, vor einer Entscheidung sämtliche Hinweise und Informationen aufzunehmen. Die nötigen Auswahlkriterien allerdings sind auch beim besten Willen zur Sachlichkeit immer subjektiv, sie entsprechen und folgen logischerweise den bisherigen Erfahrungen - und verstärken so wiederum die traditionellen, inzwischen völlig unangemessenen Verhaltens- und Beurteilungsweisen.

Je erfolgreicher also die (kollektive) Selbsttäuschung, desto intensiver das Gefühl, trotz aller Steuerungsbemühungen hilflos den anonymen „Turbulenzen" ausgeliefert zu sein.

Verschiedene Arten der Selbsttäuschung

Eine zweite Art der Selbsttäuschung liegt darin, daß im Unternehmen zwar eine Vielzahl von Veränderungen vereinbart, deren Realisierung aber allenfalls halbherzig betrieben wird. Dafür gibt es sogar zwei Hinter-Gründe: Zum einen den unterschwelligen Widerwillen gegenüber der Botschaft „Da habt ihr ein Problem..."(Wesentlich motivierender wäre: „Hier stehen wir vor einer neuen Herausforderung!") Zum andern einen hinhaltenden Widerstand, weil niemand vorhersagen kann, ob und in welcher Form die Veränderung tatsächlich eine Verbesserung bedeutet.

Selbst bei noch so großer Kooperationsbereitschaft allerseits und bei noch so dringendem Handlungsbedarf: Die Veränderung sozialer Systeme ist ein fortlaufender Prozeß, nicht ein für alle Mal „richtig" zu planen. Wo diese Offenheit, dieses Risiko nicht von Anfang an allen Beteiligten vermittelt und in positiven Schwung verwandelt wird, muß mit Irritationen und unliebsamen Überraschungen bis hin zum Scheitern gerechnet werden.

Risikobewußtsein in positiven Schwung verwandeln

Statisch-lineares Denken ist out, das hat sich herumgesprochen. Dynamik ist in. Doch das genügt schon nicht mehr. *Prozeßorientiert* muß das Denken und müssen die Organisationsstrukturen in zukunftsfähigen Unternehmen sein.

Sobald das allgemeine Interesse weniger den „Zuständen" im Betrieb gilt als vielmehr den immer rascher sich ändernden Abläufen und wechselseitigen Einflüssen, werden „Turbulenzen" nicht mehr als bedrohlich empfunden, sondern als anregend, ja sogar als nötig zur Weiterentwicklung - und damit als förderlich für Innovationen erkannt.

Abläufe, nicht „Zustände"

2.2 Durch die „Erfahrungskurve" in die Falle

Vor dieser Erkenntnis türmt sich allerdings eine beachtliche Barriere. Sie wird von vielen Unternehmensplanern, Betriebsberatern und Controllingexperten mit großem Fleiß immer wieder neu errichtet. Es handelt sich um das bewährte, vor etwa dreißig Jahren entwickelte betriebswirtschaftliche Konzept der „Erfahrungskurve". Demzufolge lassen sich durch einmalige Fixkosten (vor allem für die Perfektionierung der Unternehmensabläufe durch eine zentrale Organisationsabteilung, für hochgradige Spezialisierung der Arbeitskräfte und Automatisierung der Produktion) bei zunehmender Arbeitsroutine, mit wachsender Betriebsgröße und höheren Stückzahlen die Stückkosten erheblich senken. Absatz und Betriebsgewinn lassen sich also steigern - im Idealfall bis hin zur Marktführerschaft.

Olympisches Streben blockiert die Chancen

Fatal für die Zukunft der Unternehmen ist dabei allerdings, daß genau dieses Streben nach „immer mehr, immer größer, immer billiger" jede Alternative als störend erscheinen läßt und damit ausgerechnet der wirtschaftliche Erfolg nahezu alle Chancen zu nachhaltiger Innovation blockiert.

Angesichts immer rascher wechselnder und differenzierterer Kundenwünsche sind also heute viele einseitig hochspezialisierte Massenproduzenten schnurstracks auf dem Weg in die Falle: Von homogenen Produkten auf stabilen Märkten kann kaum noch die Rede sein, die errungene Markt- und Kostenführerschaft kann allenfalls noch kurze Zeit mit äußerster Anstrengung gegen die wachsenden internaationale Konkurrenz verteidigt werden. Flexibilität andererseits ist nahezu unerschwinglich - und doch zugleich unerläßlich, weil ab sofort Turbulenzen zum Normalzustand gehören. Und die lassen sich nur mit Anpassungsfähigkeit überstehen.

Nur mit Flexibilität sind Turbulenzen zu meistern

Progressive Betriebswirtschaftler sprechen vom „*Tugendpfad der Änderungsfähigkeit*". Aus den USA kommt der Begriff des „*change mangagement*". In manchen deutschen Betrieben wurden bereits gute Erfahrungen mit sogenannten „change agents" gemacht. Ganz gleich, von welchem Ansatzpunkt aus oder unter welchem Etikett die Entwicklung stattfindet - entscheidend ist, daß sie in den Köpfen beginnt. Und wie kommt es dazu?

In den Köpfen fängt es an

Wodurch läßt sich „Änderungsfähigkeit" auslösen, verstärken, aufrechterhalten und immer wieder neu begründen?

Hinter vorgehaltener Hand wird (zynisch, aber leider nicht unzutreffend) behauptet, am zuverlässigsten und nachhaltigsten wirke ein erheblicher, möglichst lang andauernder Leidensdruck: Wirtschaftskrise, massive Verseuchung der unmittelbaren Umwelt, soziale Verteilungskämpfe in hierzulande längst vergessenem Ausmaß ...

Keine Änderung ohne Leidensdruck?

Mit ziemlicher Sicherheit ergäbe sich wohl durch gründliches Rechnen der erwünschte Druck in den Führungsetagen. Wenn beispielsweise die künftigen, gezielt oder unfreiwillig veränderten Kostenbelastungen - etwa für Energie, für Abfallentsorgung, durch die seit längerem diskutierten neuen Besteuerungsrichtlinien oder eine bereits absehbare erhebliche und langfristige Steigerung des Zinsniveaus - schon jetzt mit ins Kalkül gezogen würden.

Besonders die zuletzt genannte, keineswegs illusorische allgemeine Wirtschaftsprognose müßte Unternehmen dazu bringen, ihre Investitionsentscheidungen (bei gleichzeitigem Blick auf ihre zunehmend unsicheren Absatzmärkte) auf viel längere Amortisationszeiträume abzustellen. Damit würden endlich die völlig normalen unternehmerischen Zielkonflikte nicht länger unter den bislang vorherrschenden arbeitssparenden Gesichtspunkten entschieden. Es müssen nämlich dringend „Spar"-Lösungen in Richtung auf die seit langem geforderten ressourcenschonenden und/oder kapitalsparenden Maßnahmen gefunden werden.

In neuen Spar-Ansätzen denken

Einsicht und guter Wille allein reichen einfach nicht aus, solange weiterhin die traditionellen betriebswirtschaftlichen Rechnungen aufgemacht werden. Selbst wenn präzises Wissen vorhanden ist und psychologische Schranken weitgehend weggeräumt werden konnten, prägen und behindern doch die alten Strukturen das tatsächliche Vorankommen auf dem „Tugendpfad". Natürlich kann man nicht die Strukturen ohne das Denken ändern - aber auch nicht das Denken ohne die Strukturen!

Und man darf keine Wunder „über Nacht" erwarten. Einer gut belegten These zufolge dauert es rund zehn Jahre, bis Ideen, die von Außenseitern in die Debatte gebracht werden, sich durchsetzen, bis ihre Argumente greifen und die Realität tatsächlich schrittweise verändern - auch wenn es sich als nötig erweist, eigentlich sofort an allen Ecken zugleich anzusetzen.

Wunder dauern etwas länger

2.3 Vorbilder fördern die Motivation

Natürlich sind lebendige Vorbilder - ohne Ambitionen zur One-Man-Show - wichtig für die Motivation. Nicht *nur* die Vorgesetzten, aber *auch* die Vorgesetzten. „Wenn die nicht loslassen können, nicht loslassen wollen, dann ist das Spiel verloren!" So schlicht und folgenschwer formuliert es *Günter Geiger*, früher *Carl Schenck AG*, heute Präsident des *REFA-Verbandes*. Und er weiß, wovon er spricht.

Wer nicht losläßt, wird verlieren

Als *change agents* allerdings sieht er eine andere Gruppe im Betrieb: die informellen Führer, die Jungen, von der Idee Begeisterten, die Flexiblen, die ein Bild von den Vorteilen und Chancen der Veränderung im Kollegenkreis vermitteln können und die die bereits erzielten Erfolge ins rechte Licht setzen.

Damit sich auch eher pragmatisch zu überzeugende Betriebsangehörige auf den „Tugendpfad der Änderungsfähigkeit" begeben, hat es sich als sehr animierend erwiesen, gemeinsam der Frage nachzugehen:

„*Was könnte normal sein im Jahr 2010?*"
Bei dieser Zukunftsfrage handelt es sich um einen durchaus realistischen Zeitrahmen - schließlich werden die heute eben Geborenen dann immer noch Schulkinder sein.

Zukunftsszenarien als Navigationshilfe in gegenwärtigen und noch kaum absehbaren Turbulenzen - da läßt sich nahezu alles mit allem verbinden und in Gedanken, mit Papier und Farben oder auf großen Tafeln durchspielen. So wird fast unmerklich - dank dem vereinten, immer kühner und weiter ausholenden Vorstellungsvermögen ganzer Gruppen - das übliche lineare von vernetztem Denken abgelöst.

Über Zukunftsbilder zum vernetzten Denken

2.4 Drei verschiedene Szenarien

Eine der schlichteren Übungen im Rahmen solcher Zukunftswerkstätten besteht darin, ein paar entscheidende Größen (wie beispielsweise Arbeitszeit, Belegschaftsstärke oder Produktpalette) einzupassen in möglichst krass voneinander abgesetzte gesellschaftliche und wirtschaftliche Rahmenbedingungen.

1. Alles bleibt, wie es derzeit ist oder setzt sich unter kaum veränderten Umständen fort (status quo-Szenario).
2. Es wird alles viel schlimmer: Märkte z.B. gehen verloren, Rohstoffe werden knapper und extrem teurer, Lohndumping nimmt zu, Pro-

dukte sind aber trotzdem im Preis nicht wettbewerbsfähig, Produktion in Deutschland wird eingestellt, etc. (Negativ-Szenario).

3. Alles wird besser: z.B. Ressourcenschonung, Kreislaufwirtschaft, alternative Energien gewinnen an Bedeutung; neue Technik, neues Rollenverständnis, neue Kommunikationsmedien prägen den Industriestandort; kleine und mittlere Unternehmen platzen schier vor innovativen Ideen, etc. (Positiv-Szenario).

Die Zukunft hat schon begonnen

Abenteuerlicher wird es bei der Vorstellung, es könnten Verhältnisse selbstverständlich werden, wie wir sie heute noch als mehr oder weniger exotisch bestaunen:

- Kein „eigener" Bürostuhl mehr, geschweige denn „eigener" Schreibtisch im „eigenen" Büro, statt dessen die computergesteuerte Zuweisung eines noch unbesetzten Platzes vor einem Bildschirm, irgendwo auf dem Werksgelände ...

- ... vielleicht sogar nur noch ein- bis sechsmal monatlich im Betrieb - nicht etwa, weil die Arbeit ausgegangen wäre, sondern weil die jeweils dazwischenliegenden Arbeitsphasen in Telearbeit zuhause, vom tatsächlich „eigenen" Küchen- oder Schreibtisch aus zu erledigen sind.

Arbeit in eigener Regie

- Oder überhaupt keine festen Arbeitsverhältnisse mehr - nur noch Projekte, Honorarverträge, Verpflichtungen auf Zeit! Jeder Mann sein eigener Jobvermittler, jede Frau ihre eigene Personalchefin - ohne Tarifverträge, betriebliche Altersversorgung oder Kantinenzuschuß, statt dessen „freie Bahn" für ganz individuelle Vereinbarungen zu Arbeitszeiten, Bezahlungsmodalitäten, Einsatzort - und über die Phasen der ganz selbstverständlichen Weiterqualifizierung.

Und was ist von hochqualifizierter Teamarbeit zwischen Freilassing, Tromsö und Kuala Lumpur oder Kalkutta zu halten mit dem Ziel, ein via Datenautobahn koordiniertes, global wettbewerbsfähiges Angebot zum Bau einer koreanisch-französischen Meereswasserentsalzungsanlage für Moçambique zu erstellen? Einzelpersonen, kreativ, kommunikativ und kooperativ, sehen da möglicherweise gar kein Problem. Wie aber könnten Unternehmen auf solche Art in Kontakt und ins Geschäft miteinander kommen?

Mehr Details und verschiedene bedenkenswerte Konsequenzen aus sehr unterschiedlichen Zukunftsszenarien werden im 7. Kapitel dargestellt.

Hier ist festzuhalten, daß Unternehmen ab sofort „lernfähig" sein müssen, wenn sie Bestand haben wollen. Lernfähig zu sein als Organisationen - diese Erwartung richtet sich selbstverständlich auch an Behörden, Bildungsinstitutionen, Verwaltungseinheiten, politische Gremien und nicht zuletzt an die Interessenvertretungen der Tarifparteien.

Mit „Lernfähigkeit" verbinden sich Vorstellungen wie anpassungsfähig, kommunikationsbereit und fehlerverträglich. Von den traditionellen, zentral gesteuerten Wirtschaftsgiganten oder nationalen „Schlachtschiffen" in internationalen Gewässern sind solche willkommenen Eigenschaften realistischerweise eher nicht zu erwarten. Hier würde sich die Überlegenheit von modular aufgebauten, dezentralen und weitgehend selbst entscheidungsfähigen Einheiten deutlich zeigen - allerdings bliebe, zum Schutz vor Chaos oder im-

Hochqualifizierte Teamarbeit - auch der Betriebe untereinander

Lernfähigkeit als neues Ideal

mensen Koordinationskosten, ein gewisses Maß an zentraler Organisation weiterhin überlebenswichtig.

Und damit stecken die bisher propagierten betriebsorganisatorischen Lösungen mitten im entscheidenden Dilemma: Das „Idealunternehmen für das Jahr 2000 plus X", es läßt sich überhaupt noch nicht darstellen - auch wenn manche Gurus ihre jeweiligen Visionen ganz ungeniert und sehr profitabel anpreisen. Zu viele Widersprüche sind noch nicht gelöst, zu viele Spannungsfelder tun sich auf und sehr viele Mißerfolge mußten bereits verkraftet werden beim praktischen Versuch, die Paradekonzepte in der rauhen Wirklichkeit umzusetzen.

"Patentrezepte", wie etwa der Taylorismus zu Beginn dieses Jahrhunderts mit seiner extremen Arbeitsteilung, lassen sich am Ende dieses Jahrhunderts zwar weiterhin formulieren, aber nicht mehr erfolgreich nachvollziehen. Die mittlerweile sehr veränderten Umstände haben ihn geradezu ad absurdum geführt und verlangen statt dessen Kooperation und Aufgabenteilung gleichermaßen. Die Suche nach der *einen* perfekten Lösung ist vergeblich - es gibt keinen *one best way* mehr.

Jetzt und in Zukunft kommt es darauf an, organisatorische Rahmen zu schaffen, die es tatsächlich erlauben, aus Fehlern zu lernen, von Fall zu Fall ganz unterschiedliche Wege zum Erfolg zu gehen. Es handelt sich also mehr um *best practices*, empfehlenswerte Vorgehensweisen. Damit sie unter vielen denkbaren Umständen funktionieren können, sind Motivation, geistige Beweglichkeit, Initiative und Sachverstand in den Belegschaften genauso wichtig wie die Besinnung auf „Kernkompetenz" samt Innovationspotentialen gerade der mittelständischen Unternehmen. Nicht zuletzt schließlich zählt ihre Kooperationsfähigkeit mit Lieferanten und Kunden in wechselnden Partnerschaften auf der ganzen Welt.

2.5 Sieben Spannungsfelder in der Gestaltung

Die Spannungsfelder freilich, innerhalb derer solche Vorstellungen umgesetzt werden müssen, bleiben bestehen. Hier können Manager ihre organisatorischen wie psychologischen und visionären Qualitäten unter Beweis stellen.

2.5.1 Zwischen Autonomie und Koordinationsbedarf

Will man manchen Theoretikern glauben, dann genügt es, möglichst viele Entscheidungsbefugnisse möglichst weit nach „unten", hinein in Module oder autonome Gruppen von maximal drei Dutzend Beteiligten zu verlagern - und schon ist die gewünschte Flexibilität garantiert: Neue Marktanforderungen werden sensibel erkannt, die Produktion wird reibungslos angepaßt und die erforderlichen Innovationen lassen sich unbürokratisch durchsetzen...

Wirklichkeit statt schöner Theorien

Die meisten Praktiker hingegen haben zu berichten, daß sich - je autonomer die Gruppen, desto ausgeprägter - jede Menge Reibungsverluste durch die sogenannten Bereichsegoismen oder, als Folge des Macht"vakuums" auf der zuvor übergeordneten Ebene, durch völlig neue Macht- und Profilierungskämpfe ergeben.

Wie kommen die nötigen Absprachen zustande? Schlüsselbegriffe sind in diesem Zusammenhang: Manager als Moderatoren, Zielvereinbarungen unter Mitwirkung aller Gruppenmitglieder, „Kundenbeziehungen" zwischen den verschiedenen Modulen, Selbstkoordination der Gruppen. Daß dies nicht im Widerspruch zur traditionellen Mitbestimmung stehen muß, zeigt das in einem holländischen Unternehmen bewährte Beispiel. In der Firma *Endenburg Elektroniek* wird es als „Soziokratie" bezeichnet:

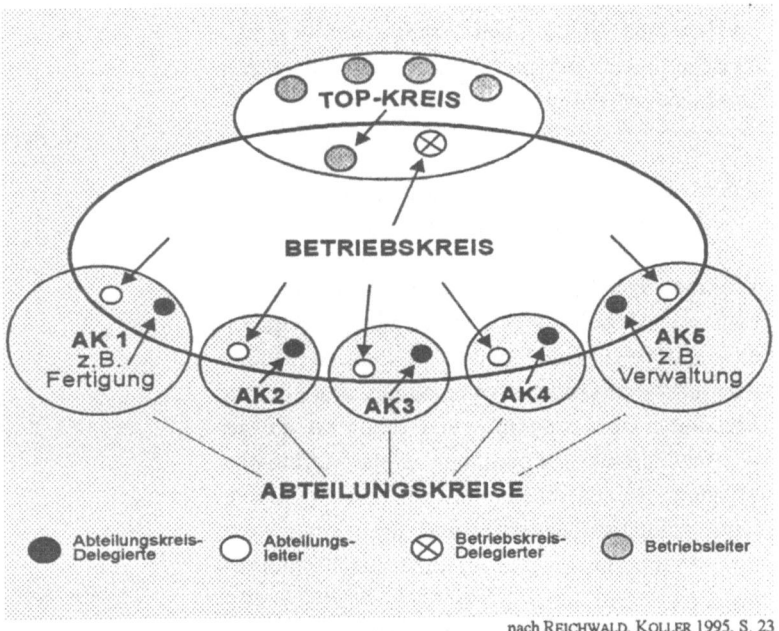

nach REICHWALD, KOLLER 1995, S. 23

ABB. 2.1: SOZIOKRATIE BEI ENDENBURG ELEKTROTECHNIEK

2.5.2 Synergieeffekte trotz dezentraler Strukturen

Natürlich läßt es sich kaum vermeiden, daß unter der neuen Gruppenautonomie gewisse Spezialfähigkeiten oder -kenntnisse nicht mehr dem Gesamtunternehmen zur Verfügung stehen. Ein wohlbekanntes Handicap. Das Manko sollte vor Jahren gerade erst behoben werden durch das Zusammenschnüren sogar sehr unterschiedlicher Einheiten oder das Zusammenkaufen mehrerer Betriebe. Ziel waren die vielbeschworenen Synergieeffekte.

Autonomie oder Synergie?

Ist nun ein Unternehmen beispielsweise aufgeteilt in Profitcenter, werden sich die jeweiligen Experten allerdings hüten, ihr erfolgsgarantierendes Know-how dem benachbarten Modul (das ja dem Konzept zufolge betriebsintern um Finanzmittel, Prestige oder Einfluß heftig konkurrieren soll) zur Verfügung zu stellen. Schließlich liefen sie damit Gefahr, den Gruppenerfolg wie das eigene Ansehen zu schwächen...

Für Führungskräfte besteht die Kunst nun darin, über die Gestaltung finanzieller Anreizsysteme hinaus genügend Transparenz, Motivation und Einsicht in größere Zusammenhänge zu schaffen. Dann nämlich läßt sich überzeugend vermitteln, worin die Vorteile einer „kooperativen Konkurrenz" oder „wettbewerbsorientierten Zusammenarbeit" für das gesamte Unternehmen und zugleich für die einzelnen Gruppen liegen. Möglicherweise läßt sich sogar zeigen, wie die jeweiligen Experten mit ihrer zwiespältigen Rolle klarkommen können.

Kooperative Konkurrenz als Ziel

2.5.3 Profitcenter oder Unternehmenserfolg?

Das Denken und Agieren in separierten Profit- oder Kostenzentren mag einerseits die Profilierungsmöglichkeiten, den Wettbewerb und die Leistungsbereitschaft fördern, andererseits ist nicht garantiert, daß dies zum Nutzen des Gesamtbetriebs geschieht. Besonders irritierend und damit sofort demotivierend für die Beteiligten wird es, wenn Kosten, Leistungen und Gewinne nicht eindeutig zugeordnet werden können. Stichworte: pauschale Zuordnung von Gemeinkosten, Aufwendungen für die Kontaktpflege zu Kunden oder für Innovationen, die in Kooperation entstanden und häufig zunächst als rote Zahlen zu Buche schlagen, ehe sie ihre positiven Effekte entfalten.

Die Risiken auf der Durststrecke

Gerade *diese* „Durststrecke" vor dem überzeugenden Durchbruch kann zum Abbruch wichtiger Innovationen zwingen oder sie gar nicht erst anlaufen lassen. Die kreativen Köpfe müssen nämlich fürchten, schon bei der nächsten, laut Konzeption äußerst kurzfristig angesetzten Erfolgskontrolle schlecht abzuschneiden - und damit der eigenen Karriere zu schaden, während der potentielle Nachfolger die Pluspunkte einheimst. Ihre verständliche, aber wenig wünschenswerte Konsequenz: lieber ganz uninspiriert auf der vertrauten Strecke weiterstrampeln...

2.5.4 Dezentrales Controlling mit Instrumenten von gestern?

Unzulängliches Instrumentarium

Das traditionelle Controlling ist mit seinem Kernelement in erster Linie darauf ausgerichtet, durch höchst detaillierte aber relativ starre, EDV-gestützte Verfahren die jeweiligen Produktionskosten zu erfassen, Leistungen innerbetrieblich zu verrechnen und den gesamten Ressourceneinsatz zu optimieren. Dieses Instrumentarium erweist sich vor allem dort als ungerecht und unzulänglich, wo es dezentralisierte Einheiten mit eher willkürlich anmutenden Gemeinkosten belegt und dabei den mittlerweile auch finanziell wesentlich direkter Verantwortlichen zumutet, für etwas geradezustehen, das sich ihrer Beeinflussung entzieht.

Autonomie auch beim Controlling - das klingt ganz gut, würde aber einen überdimensionalen Qualifizierungsaufwand bedeuten - vom Zeitaufwand derjenigen, die ja eigentlich produzieren sollen, ganz zu schweigen. Wichtiger ist es wohl für die autonomen Gruppen, im Rahmen eines transparenten, auf die neuen betrieblichen Gegebenheiten abgestimmten Systems die eigenen Erfolge oder Mißerfolge selbst einschätzen zu können. So hätten sie die Möglichkeit, eigenständig das Einhalten der gemeinsamen Zielvereinbarungen zu überwachen und auf den Ergebnissen die weiteren Gruppenentscheidungen aufzubauen.

Der größte Mangel des traditionellen Controlling besteht darin, zu sehr auf monetäre Erfolgsgrößen fixiert zu sein. Wenn es gelingt, auch andere, mit der Dezentralisierung ja gerade angestrebte Maßeinheiten - wie Flexibilität, Qualität, Kundennähe oder Zeitgenauigkeit - in die Sicht- und Bewertungsweise einzubeziehen, dann hat zentrales Controlling sicher auch in dezentralen Strukturen weiter eine wichtige Funktion.

Neue Kriterien für veränderte Funktionen

2.5.5 Zwischen Mitbestimmung und Co-Management

Gerade engagierte Betriebsräte laufen Gefahr, auf dem „Tugendweg der Änderungsfähigkeit" zu engstirnigen Bösewichten oder zum Stolperstein für die Weitereilenden zu werden - sofern sie sich ausschließlich an ihre früheren Aufgaben klammern. Andererseits müssen sie sich hüten vor dem Image des zukunftsgläubigen Erfüllungsgehilfen der Gegenseite - Co-Manager sind den Belegschaften suspekt.

Riskantes Image

Besonders denjenigen, die in der Vergangenheit erfolgreich z.B. für Weiterbildung und betriebsinterne Aufstiegschancen gekämpft haben, gehen mit der neuen vielförmigen Autonomie und den flacheren Hierarchien möglicherweise sowohl die Legitimation als auch der zuständige Ansprechpartner verloren: Viele Entscheidungen werden nun unmittelbar in den Teams getroffen.

Mündige Mitarbeiter brauchen weniger Fürsprache

Während einerseits die neuen Tochtergesellschaften vielfach so geschickt zurechtgestutzt wurden, daß sie mit weniger als 500 ArbeitnehmerInnen der erweiterten Mitbestimmung nicht mehr unterliegen, sitzen andererseits immer häufiger Arbeitnehmervertreter in den Aufsichtsräten. Und „mündige Mitarbeiter", die ohnehin durch die Gruppenstruktur tagtäglich an vielen Entscheidungen (z.B. über Arbeitszeiten und Lohnzuschläge) beteiligt sind, brauchen und wollen in dieser Hinsicht oft gar keine Fürsprecher mehr.

Mindestens zwei neue, ebenso anspruchsvolle wie zwiespältige Managementaufgaben für die immer komplexer zusammengesetzten Arbeitnehmervertretungen sind absehbar. Die eine wird zunehmend darin bestehen, sich mit strategischen Fragen zur längerfristigen Sicherung der Wettbewerbsvorteile „ihres" Unternehmens auf den Weltmärkten zu befassen. Reine Vertretung von Arbeitnehmerinteressen genügt nicht mehr. Die zweite ergibt sich bei der Vermittlung im Spannungsfeld aufkeimender Machtkämpfe, sobald die alten hierarchischen Strukturen abgebaut sind. Genug Stoff für Betriebsversammlungen und heiße, durchaus widersprüchliche Diskussionen in und zwischen den autonomen Gruppen. Anlaß genug im Interesse aller, eine gründliche Qualifizierung der Betriebsräte für Koordinations- und Managementaufgaben zu fordern und zu fördern.

Qualifizierung fordern und fördern

2.5.6 Stabile Werte in turbulenten Zusammenhängen

Der Widerspruch ist in sich logisch und für jeden Menschen nachvollziehbar. Einerseits: Je rascher und flexibler reagiert werden soll, desto nötiger sind verläßliche Normen und betriebliche Strukturen. Andererseits: Gerade wegen der turbulenten Entwicklung ist auf derartige „solide Orientierungspunkte" immer weniger Verlaß. Also: Sicher ist nur, daß nichts zu garantieren ist. Die Folge: Alles kann und muß sich ständig ändern, kontinuierlich verbessern, mit vereinten Kräften immer wieder neu strukturiert und gestaltet werden. Richtschnur kann unter diesen Umständen nur eine gemeinsame Grundeinstellung sein - das, was seit einiger Zeit ziemlich vage als verbindende „Unternehmenskultur" bezeichnet wird.

Kernstück der sogenannten „partizipativen Organisationsentwicklung" sind die Betriebsangehörigen - in ihren mehr oder weniger autonomen Gruppen und jeweils ganz individuell. Nur wer die neuen Lösungen mit erdacht hat, wird sie auch überzeugt - und überzeugend - mittragen und sich für ihre weitere Verbesserung interessieren. Wer, wenn nicht die unmittelbar Beteiligten, sollte in der Lage sein, realistische und qualifizierte Vorschläge zur Überwindung von Schwachstellen und Barrieren zu machen, sie auch durchzusetzen und dabei weiter Stück für Stück zur „lernenden Organisation" beizutragen?

Nichts wird mehr „ein für alle Mal" zu regeln sein. Turbulenz heißt schließlich, daß mit einem stabilen Zustand eben nicht zu rechnen ist. Idealerweise mündet diese Erkenntnis keineswegs in Resignation, sondern in neugierige Gelassenheit - die wichtigste Basis für eine rasche Anpassung an

Neugierige Gelassenheit statt Resignation

veränderte Anforderungen. Und zugleich eine Schlüsselqualifikation in der langen Reihe all jener, die auf dem „Tugendpfad der Änderungsfähigkeit" gefragt sind oder schnellstens entwickelt werden müssen.

2.5.7 Zeit haben und Zeit lassen

A propos schnellstens: Von japanischen Unternehmen wird berichtet, daß Entscheidungen, wenn sie denn gefallen sind, wesentlich schneller durchgesetzt werden als in deutschen Unternehmen üblich. Dafür wird allerdings für die Prozesse der Willensbildung, also die vorangehende Diskussion unter Berücksichtigung der unterschiedlichsten Meinungen, deutlich mehr Zeit eingeräumt. Eine sehr weise Praxis nach dem Motto:

„Schnell sein, aber nicht atemlos."
oder
„Wir haben keine Zeit,
deshalb müssen wir uns Zeit lassen!"

„Innovative" Blockaden vermeiden

Wer lernenden Organisationen diese Zeit nicht gönnt, riskiert, daß nach schnell getroffener Entscheidung die Realisierung sich endlos dahinzieht, gegebenenfalls sogar mit höchst innovativen aber unangebrachten Strategien bis zum Sankt-Nimmerleinstag blockiert wird - weil nämlich von selbstbewußten Betriebsangehörigen kein besonderes Interesse, geschweige denn Akzeptanz erwartet werden darf für eine Entwicklung, die als „fremd", als von oben herab aufgezwungen empfunden wird.

Daß und wie es klappen kann - sogar unter kaum vergleichbaren Ausgangsvoraussetzungen und innerhalb höchst konträrer konzeptioneller Ansätze - sollen die folgenden Beispiele in tabellarischer Kürze belegen.

CARL SCHENCK AG, DARMSTADT
Maschinenbau, Integration von Mechanik, Elektronik/Elektrik,
Software und Engineering zu kompletten Produkten (Mechatronik),
45% Zulieferungen an die Automobilindustrie,
3..300 Mitarbeiter in Darmstadt, dazu Tochtergesellschaften und
unselbständige Geschäftseinheiten weltweit,
660 Mio. DM Umsatz 1995 (Inland)

Okt. 89 bis Aug. 91	Projektteam (13 Personen, inkl. Betriebsräte, Dreher, Meister) → Unterzeichnung der Betriebsvereinbarung: „Neue Formen der Zusammenarbeit" / NFZ
seit 91	fast durchgehend Gruppenarbeit (inkl. Zielvereinbarungen und zielorientierte Gruppenzulagen zum fixen Monatsgehalt lt. Tarifvertrag), dazu entwickelt: „Spielregeln" für Fertigung und Führungskräfte → „8 Elemente der Verhaltensänderung - KICK", Plakate, Foren, Broschüren
1993	Aufgliederung der Fertigung in drei Cost-Center (feste Preise, feste Liefertermine, auch externe Kunden)
1995	Umstrukturierung in fünf markt- und kundenorientierte Unternehmensbereiche → als Teilbetriebe operativ eigenständig
1996	Ausgliederung der fünf Unternehmensbereiche und der Fertigung (inkl. der fertigungsnahen Lern- und Ausbildungsinseln / FLAI) als rechtlich selbständige Unternehmen

Zwischenbilanz:
Es gab durchaus schmerzhafte Erfahrungen und Selbsterkenntnisse,
enttäuschende Rückschläge und langwierige Gruppenprozesse;
die neue dynamische Struktur macht wandlungsfähig,
schafft Entscheidungsspielräume und zugleich Stabilität;
die Verselbständigung hat Tabus abgebaut
und neue Perspektiven eröffnet;
regelmäßige Treffen sichern Interessenausgleich und „Wir-Gefühl";
Größter Fehler:
„Es wurde zu ausschließlich an die Werkbänke und längst noch nicht
genug an die Schreibtische gedacht..."

Eigene Zusammenstellung nach GEIGER 1995 UND ENGELKEN 1996

ABB. 2.2: FALLBEISPIEL I: REORGANISATION VON UNTERNEHMENSPROZESSEN

THIMM VERPACKUNG GMBH + CO.

Werk Eberswalde / Brandenburg

Wellpappe-(Transport)verpackungen, Module mit Displaycharakter

Nach der Wende neu gebautes Werk mit 63 Beschäftigten, 50 km nordwestlich von Berlin; die Firmengruppe (mit drei weiteren Werken im alten Bundesgebiet) erwirtschaftet 300 Mio. DM Jahresumsatz mit über 800 Beschäftigten

Jan. 91	1. Spatenstich
April - Nov. 91	intensive Ausbildung (Umschulung) der lokalen Mitarbeiter (Facharbeiter, Meister) in den traditionell organisierten West-Werken
ab Sommer 91	während der Qualifizierung: Diskussionen über Gruppenarbeit → heftige Vorbehalte, Wunsch nach „Chefs" als Folge langjähriger VEB-Erfahrungen
Dez. 91	Beginn des Probebetriebs - versuchsweise Gruppenarbeit
Jan. 92	volle Produktion mit flacher Hierarchie; nach Prüfung und Zertifikat: unbefristete Verträge für alle als Maschinenführer; Bezahlung nach Qualifikation, nicht nach der jeweils aktuellen, gezielt und doch flexibel wechselnden Tätigkeit; Leistungsprämie für alle 3 Schichten pro Tag gemeinsam, kein „Schichtegoismus"
Sommer 92	Neueinstellungen auf Vorschlag der Belegschaft, Einarbeitungen durch die Gruppen
1992	Betriebsratswahlen; daneben regelmäßig Teambesprechungen in der Arbeitszeit, alle 6 Wochen Informationen über Gesamtlage, Entwicklung des Unternehmens etc.
92 / 94	Zertifizierung nach DIN ISO 9002
seit Sept. 93	100% Westlohn, weil durchgängig Produktivität der Westwerke erreicht
1995	Betriebsvereinbarung über flexible Stundenkonten statt Kurzarbeit

> *Zwischenbilanz:*
>
> Sechs Pfeiler tragen den Erfolg: Offenheit über Ziele und Methoden, Respekt vor Widerstand und genug Zeit für Erfahrungen, gerechte Entlohnung, konsequente Qualifizierung aller für höchste Flexibilität, ständige Einbeziehung des Betriebsrats, Glaubwürdigkeit durch Kooperation zwischen Führungskräften und Mitarbeitern.
>
> *Wichtigste Frage:*
>
> Wie kann ein schon sehr flexibles Unternehmen sich auf künftige Anforderungen bei weiter steigender Umfeldturbulenz einstellen - und zwar nicht erst, wenn Not am Mann ist?

Eigene Zusammenstellung nach MÜLLER 1996

ABB. 2.3: FALLBEISPIEL II: RESTRUKTURIERUNG VON MANAGEMENT UND ARBEITSORGANISATION

2.6 Das neue Ideal: Turbulenzfähigkeit

Die Dynamik von Betrieben - und damit ihre Widerstandsfähigkeit gegenüber Turbulenzen, bzw. ihre Navigationsfähigkeit unter turbulenten Bedingungen - zeigt sich nicht nur darin, wie, unter welchen Rahmenvoraussetzungen und mit welch positiver Grundeinstellung alle Beteiligten sich auf den Weg in die Zukunft gemacht haben. Es geht um grundsätzlich neue Formen der Zusammenarbeit - auf einer reduzierten Zahl von hierarchischen Ebenen und innerhalb der weitgehend eigenverantwortlich agierenden Gruppen. Diese Formen müssen gesucht, formuliert, diskutiert, vereinbart, erprobt, verändert und vielfach angepaßt werden.

Das ist - bei genauerer Betrachtung - alles andere als bequem. Manche Belegschaften trifft das Angebot von „Autonomie" fast wie ein Schock, sie empfinden die Innovation geradezu als Zumutung. Unvorbereitet läßt sich schließlich nicht verant-

Autonomie als Schock

wortlich entscheiden... Das gedankenlose Kopieren vermeintlicher Patentrezepte verbietet sich von selbst - aber Wegweiser, Ratgeber, Moderatoren wären doch sehr willkommen.

Um Wandlungsfähigkeit als ständige Eigenschaft von Einzelpersonen, Gruppen und ganzen Unternehmen zu erreichen, müssen eine Vielzahl von Hindernissen abgebaut oder überwunden werden. Dabei signalisiert der Satz „Jede wahre Veränderung beginnt in den Köpfen" keineswegs, daß durchweg das größte Hindernis der Mensch sei.

Wer vorwurfsvoll-ermunternd argumentiert: „Ihr müßt nur wollen!", hat den entscheidenden Zusammenhang nicht ganz erfaßt. Ohne Dürfen und Können hat Wollen keine großen Chancen! Mit anderen Worten: Neben dem Verhalten müssen auch die Verhältnisse geändert werden. Neue Verhältnisse motivieren zu verändertem Verhalten, das wiederum führt zur Veränderung der Verhältnisse - fast ein perpetuum mobile.

Wechselspiel zwischen Verhalten und Verhältnissen

Es gibt durchaus schon Ansätze, in einer systematischen Bestandsaufnahme erfolgreiche und weniger erfolgreiche Unternehmen mit ihren vielfältigen Bemühungen um „Turbulenzfähigkeit" zu erfassen, in einer Datenbank aufzubereiten und Interessierten als „Vorreiterunternehmen" zum Vergleich vorzustellen. Ein Resultat steht von vornherein fest: Es gibt keinen fertig planierten Weg zum turbulenzfähigen Unternehmen - es gibt aber gewisse (insbesondere marktbezogene) Umfeldeinflüsse und Betriebscharakteristika (von Qualifikationsniveau bis Unternehmenskultur) zum Wiedererkennen. Es lassen sich Gestaltungselemente nach Organisation, Technik, betrieblichen Anreiz- und Organisationssystemen unterscheiden - und nicht zuletzt Art und Weise der Einführung.

Es gibt Vorreiter, aber keinen fertigen Weg

DAS NEUE IDEAL: TURBULENZFÄHIGKEIT

Organisation
- funktionale/produktlinienbezogene Abteilungsstruktur
- Werkstätten/Fertigungssegmente
- Einzelarbeit/Gruppenarbeit
- Grad der Aufgabenintegration
- Zahl der Hierarchiestufen
- (De-)Zentralisierung der Entscheidungskompetenzen
- Fertigungstiefe
- Partizipation (Qualitätszirkel, KVP, etc.)
- temporäre aufgabenbezogene Teams
- Parallelisierung sukzessiver Schritte (Simultaneous Engineering)
- Kooperation mit Zulieferern (Produktentwicklung, JIT)
- Kooperation mit Kunden (Produktentwicklung, JIT)
- Materialfluß (Null-Puffer, KANBAN)

Technik
- Automatisierung
- Disposition/Entscheidungsunterstützung
- Zentrale/dezentrale Dispositionsmöglichkeiten
- Technische Unterstützung von Einzel-/Gruppenarbeit (CSCW)
- Robustheit der Technik
- Universalität/Anforderungsangemessenheit
- Hilfsmittel für Spezialisten/einfache Anwendbarkeit
- Fehlertoleranz und Wartungsfreundlichkeit

Betriebliche Rahmenbedingungen
- Entlohnungsmodelle
- Arbeitszeitmodelle
- Karrieremuster/Personalentwicklungskonzepte
- Budgetzuteilungskonzepte/Controllingkennziffern
- Investitions-/Projektrechenschemata
- Führungsprinzipien

Implementierung
- Anlaß (krisengetrieben/antizipativ)
- Zielformulierung top down/bottom up
- Projektorganisation (Fach-/Machtpromotor)
- Projektablauf (inkremental/Sprung)
- individuelles/organisationales Lernen

nach LAY 1996, S. 222

ABB. 2.4: GESTALTUNGSELEMENTE EINER „TURBULENZFÄHIGEN" UNTERNEHMENSSTRUKTUR

Es gibt auch schon eine Zusammenfassung der bisher gewonnenen Erkenntnisse. Mit Sicherheit läßt sich zu jedem der folgenden Punkte auch ein Gegenbeispiel anführen. Aufschlußreich aber ist die Tendenz.

2.7 Sechs Thesen als Zwischenbilanz

1. Erfolgreiche Maßnahmen zur Anpassung der Unternehmen an turbulenter werdende Umfeldsituationen greifen nicht isoliert ein Handlungsfeld heraus, sondern sind breit und umfassend angelegt.
2. Erfolgreich sind aufeinander abgestimmte Maßnahmen, die keine widersprüchlichen Signale an die Beschäftigten geben.
3. Erfolgreiche Maßnahmen wurden sozusagen maßgeschneidert für den individuellen Betrieb und das spezifische Umfeld.
4. Erfolgreiche Maßnahmen fallen nicht von einem (alten) in ein (neues) anderes Extrem. Wesentlicher Erfolgsfaktor ist das Finden der richtigen Balance zwischen den alten und neuen „Moden".
5. Bei erfolgreichen Maßnahmen wurde auf die Art und Weise der Einführung mindestens genausoviel Wert gelegt wie auf die zu implementierende technisch-organisatorische Struktur.
6. Erfolgreiche Maßnahmen sind bislang fast ausnahmslos aus existentiellen Krisensituationen der Betriebe heraus initiiert worden.

Die richtige Balance

Unweigerlich sind auch Defizite bei der Bestandsaufnahme offenbar geworden:

- Es fehlen noch eigenständige Leitbilder für Unternehmen, die aus kleinbetrieblichen Strukturen allmählich herauswachsen - ihnen ist schwerlich zu imponieren mit „Vorbildern", die eben erst die Vorteile kleiner Einheiten für reaktionsschnelles Antworten auf Kundenwünsche wiederentdecken.
- Es gibt noch nicht einmal Konzepte für mittelständische Unternehmen, die ihre Marktposition über die Strategie „Produkt plus..." ausbauen, also mit produktbegleitender Dienstleistung wie beispielsweise Wartung, Instandhaltung, Kundenqualifizierung etc. sichern wollen.
- Und schließlich, siehe die sechste These, ein besonderes Manko: Unter den „Vorreitern" ist kaum einer zu besichtigen, dem es gelungen wäre, die Signale der durchaus funktionstüchtigen Frühwarnsysteme tatsächlich bereits vor Ausbruch der Krise in das eine überzeugende und mitreißende Signal zum Wandel als Chance umzudeuten. Was in deutschen Unternehmen noch gelernt werden muß, ist die Kunst, ohne akute Not etwas Ungewöhnliches zu tun.

Noch keine Konzepte für „Produkte plus..."

Die Frage von *Eberhard Merz* bleibt offen und ist doch so dringend: *„Wie bringt man jemanden dazu, den Frosch zu küssen - ohne zu wissen, daß ein Prinz daraus wird?"*

Das Ende ist offen!

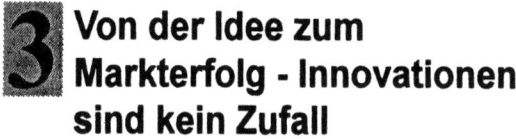

Von der Idee zum Markterfolg - Innovationen sind kein Zufall

*Man kann auch einfache Produkte
intelligent herstellen
- sogar in Deutschland.*
EBERHARD MERZ,
Freudenberg Dichtungs- und Schwingungstechnik

Da fragt der Chef der Entwicklung beim Werkzeugmaschinenbauer Trumpf am frühen Morgen sein verblüfft lauschendes Fachpublikum: „Wie bringt man eine Glocke zum Klingen?" Antwort: „Indem man ihr Gleichgewicht stört!"

Anstoß geben, in Bewegung setzen, Reaktionen provozieren, so sieht *Hans Klingel* seine tägliche Aufgabe. Deshalb hat er einige Kernsätze gleich bei der Hand:

- Dialog stärkt die Kreativität.

- Kreativität braucht Freiräume, wechselnde Teams und ein Ziel.

- Innovation, das ist die kunstvoll zusammengesetzte Kombination aus Aufbruch und Offenheit - für Kunden, für Produkte, für Partner, für Prozesse und für Virtual Reality.

Natürlich gibt es noch viele weitere Erläuterungen, was unter Innovation zu verstehen ist. Zum Beispiel: Die erstmalige, auf dem Markt erfolgreiche Realisierung einer Idee, die zusätzlichen Nutzen bringt. Oder, von der anderen Seite betrachtet: Ohne wirtschaftliche Nutzung ist eine Erfindung keine Innovation. Von der Perfektion setzt sie sich ganz deutlich dadurch ab, daß sie nicht den akzeptierten Routinen folgt, sondern, ausgehend von neuen Erkenntnissen oder Entdeckungen, andere Sichtweisen in technologischen, wirtschaftlichen oder sozialen Zusammenhängen nutzt. Und noch ein Kernsatz:

- *Unternehmerischer Erfolg ist auf Dauer nur durch Innovationen zu sichern.*

Vom linearen zum mehrstufigen Prozeß

Längst verlaufen Innovationen nicht mehr linear, also schön übersichtlich von der Erfindung über Entwicklung, Produktion und Markteinführung bis zur weltweiten Verbreitung. Mittlerweile handelt es sich um einen mehrstufigen Entscheidungs- und Durchsetzungsprozeß mit vielen Rückkopplungen. Als Grundlage lassen sich einzelne Erfolgsfaktoren kaum ausmachen - der Prozeß beruht gerade auf ihrer Wechselwirkung und Vernetzung.

Traditionellerweise stehen in Deutschland technische Innovationen im höchsten Ansehen. Überwiegend konzentrieren sie sich auf die Bereiche Energie, Werkstoffe und Maschinen oder Anlagen, gefolgt von Informations- und Kommunikationstechnik. Der Dienstleistungsbereich fällt deutlich ab, doch noch weniger tut sich bei qualifikatorischen oder organisatorischen Innovationen (Stichworte: Verwaltungsreformen oder neue Ausbildungsordnungen für neue Berufsbilder). Hierarchische Strukturen gar haben sich bis vor wenigen Jahren erst im äußersten Notfall als veränderbar erwiesen.

Turbulenzerzeugendes Element

Obwohl mittlerweile „die Zukunft" sich nicht mehr so einfach aus verlängerter Gegenwart plus einigen absehbaren Veränderungen prognostizieren läßt, sondern das große unkalkulierbare X als turbulenzerzeugendes Element dazugekommen ist, stehen Trendbeobachtungen wieder oder weiter hoch im Kurs. Einer der wichtigsten Trendbrüche der vergangenen Jahrzehnte betrifft die Betriebsgrößen, definiert über die Zahl der Beschäftigten: Kleinbetriebe nehmen deutlich zu, vor allem bei den Neugründungen.

Das muß für die Entwicklung von Erfindungskraft oder den Schwung unternehmerischer Innovationsanläufe keineswegs von Nachteil sein, wie sich an ehemaligen „Garagenfirmen" à la Silicon Valley gezeigt hat. Auch die Umsatzzahlen leiden nicht automatisch. Beunruhigt über die längerfristige Entwicklung sind nicht ohne Grund vor allem Angestellte und Facharbeiter. Sie werden sich darauf einstellen müssen: Ihre Beschäftigungsaussichten werden „flexibler", das heißt weniger sicher; ihre Arbeitgeber - die ohnehin kleinen wie die zunehmend dezentralisierten - sind mobiler, das heißt eher bereit, hier den Laden dicht zu machen und an günstigerer Stelle ganz neu anzufangen.

3.1 Von Leitbildern und Unternehmenskultur

Schließlich erschöpft sich das wahre Ziel von Innovation nicht darin, als Unternehmer bei der allgemeinen Entwicklung mithalten zu können - es geht um aktive Marktgestaltung. Auch unabhängig vom Standort. Es geht darum, „(wieder) Definitionsführerschaft für zukünftige Leitbilder und Methoden zu gewinnen". Präziser ausgedrückt: Unternehmer und Führungskräfte in Deutschland sollten nicht blindlings amerikanischen oder japanischen Schlagworten hinterherhecheln. „Deutsche Tugenden" wie Effizienz, Pünktlichkeit oder Präzision können es im internationalen Wettbewerb

Definitionsführerschaft zurückgewinnen

durchaus mit Idealen wie *lean structures, just-in-time production* oder *total quality management* aufnehmen. Ein neues Etikett mag mit der Mode gehen - am bewährten Gehalt ändert sich damit nichts.

Fraglich bis gefährlich wird die Praxis unter zwei Voraussetzungen:

- Wenn unter Berufung auf vergangenen Ruhm das Bewährte zum Schnarchen verführt, statt zu dynamischer Weiterentwicklung anzuregen, und
- wenn mit neuen Schlagworten unbemerkt oder unverstanden Arbeitshaltungen oder Unternehmens„kulturen" als vorbildlich und verpflichtend übernommen werden, die den traditionell gewachsenen in keiner Weise entsprechen.

Unternehmenskultur muß wachsen

Facharbeiter in Deutschland werden wohl auch künftig nicht zum Feierabend abteilungsweise in irgendwelche Bars einfallen. Andererseits ist zu hören, daß japanische „Juppies" zunehmend auf individuell gestalteter Freizeit bestehen. Neues, Zukunftsweisendes ist in allen Kulturkreisen zu finden. Selbstbewußt Kreative entdecken immer wieder neue Nischen, die es ihnen ermöglichen, im internationalen Wettbewerb zu bestehen oder, im Idealfall, sogar den Ton anzugeben.

Eigene Stärken selbstkritisch nutzen

Keine Frage: Dazu ist es nötig, die eigenen Stärken als Chancen zu erkennen und wahrzunehmen. Selbstkritisch und umsichtig. Nicht egozentrisch, geheimniskrämerisch, mißtrauisch, sondern - wie es aktuellen Erfordernissen und dem Bedürfnis vieler Zeitgenossen entspricht - beispielsweise im Rahmen kooperativer Innovationsnetzwerke.

Das bedeutet: Es muß nicht „immer wieder das Rad neu erfunden" werden, nur weil zu wenig bekannt ist, was es schon alles gibt. Es besteht zunehmend die Chance, die eigenen Gedankengänge mit passenden und weiterführenden Informationen voranzutreiben, die für den Augenblick richtigen Hinweise zu finden und zu nutzen - beispielsweise dank Mikrotechnologie und digitalisierter Informationstechnik, ganz pragmatisch per E-Mail und Internet.

3.2 Zwei Dutzend Fragen - irreführende und weiterführende

Um den Begriff der Innovation deutlicher fassen zu können und einen möglichst sicheren Weg zu diesem Ziel zu finden, werden viele Fragen gestellt. Falsche Fragen zumeist. Fragen, die am ungeeigneten Punkt ansetzen und in die Irre führen:

Ungeeignete Ansatzpunkte

- Was ist wichtiger für Innovationserfolg - der Mensch, die Technik oder das Geld?
- Was hat mehr Gewicht - die zündende Idee oder eine zähe und rasche Verwirklichung?
- Was führt schneller zum Ziel - eine chancen- oder eine krisengetriebene Innovation, eine vom Markt „gezogene" oder eine von der Technologie „geschobene"? Pull oder Push?
- Sind Produktinnovationen erfolgreicher als Prozeßinnovationen, Systeminnovationen wichtiger als Einzelinnovationen, politische wertvoller als betriebliche? Oder umgekehrt?
- Hat man als ruhmreicher „Pionier", als Innovationsführer mehr Chancen oder als fixer Verfolger, der sich die Vorläuferkosten weitgehend spart?

Innovative Fragen führen weiter

Keine dieser Fragen läßt sich eindeutig oder gar verläßlich beantworten. Weiter kommt man schon mit Fragen ganz anderer Art:

- Was würden die Kunden als innovativ empfinden? Was erwarten sie, weil es bisher fehlt? Worin liegt der zusätzliche Nutzen? Zu welchem Preis?

- Wie bestimmt man den richtigen Zeitpunkt? *(Nicht nur wer zu spät kommt, auch wer zu früh kommt, den bestraft das Leben ...)*

- Führen interdisziplinäre Kontakte, das Denken über traditionelle Zuständigkeitsgrenzen hinaus zum Erfolg - oder ins Chaos des Dilettantismus? Welche Vernetzung von Wissenschaft und Praxis ist fruchtbar? Sind mehr „Freiräume für Spinner" nötig oder nicht?

Welche Freiräume? Welche Fachkräfte? Wieviel Geld?

- Welche Arbeitskräfte mit welchen beruflichen Kenntnissen und weiteren Kompetenzen stehen für die Realisierung zur Verfügung? Ist das Finanzierungspolster dick genug, daß auch die Phase bis zum tatsächlichen Markterfolg „ausgesessen" werden kann?

- Wer hilft mit welchen Mitteln, die Akzeptanz einer Erfindung (es muß sich bei weitem nicht immer um Produkte handeln) zu sichern? Schließlich wird sie erst durch Entwicklung bis zur „Serienreife", durch adäquate „Marktvorbereitung" und „Markteinführung" wirklich zu einer Innovation.

- Welches „Klima" in der Öffentlichkeit ist förderlich oder kontraproduktiv?

- Wie „radikal" darf eine Innovation unter den gegebenen Umständen sein? Wie wird sie langfristig wirken? Auf das Unternehmen - auf die Kundschaft - auf den Wettbewerb?

Nach allgemeinem Laien-Verständnis gibt es zwei Hauptformen von Innovation. Da stehen sich die Devisen „Langsam aber sicher" und „Jetzt oder nie" gegenüber. Allerdings nicht als Konkurrenten, sondern als Alternativen oder sich ergänzende, parallel zu verfolgende Vorgehensweisen. Kontinuierlicher Verbesserungsprozeß (KVP), Kaizen oder inkrementale Innovation heißt die eine Richtung, Sprunginnovation die andere (die ohne erfolgreiche KVP oft unmöglich ist).

Komplementäre Formen der Innovation

Es versteht sich von selbst, daß diese grobe Unterteilung weder der komplexen Wirklichkeit noch den Anforderungen der Praxis genügt. Eine Vielzahl von weiteren Gesichtspunkten, die in der Art, wie sie zusammentreffen, das „Profil" eines Betriebes und seiner Innovationsbemühungen ausmachen, kommt später noch zur Sprache.

UNTERSCHIEDE ZWISCHEN KVP UND SPRUNGINNOVATION

KRITERIUM	KVP	SPRUNGINNOVATION
Wirkung	langfristig und beständig	kurzfristig und abrupt
Verlauf	viele kleine Schritte	ein Riesenschritt
Zeitrahmen	kontinuierlich	mit Unterbrechungen
Entwicklung	stufenweise, gleichmäßig	plötzlich unbeständig
Auslöser	Menschen	Technologie
Beteiligte	die gesamte Belegschaft	ausgewählte Spezialisten
Basis	Gruppenaktivitäten, Zugang zu Kaizen-Werkzeugen	individueller Ansatz, Durchsetzungsvermögen für persönliche Ideen
Methode	Pflege und Verbesserung des Bestehenden	Zerschlagung des Vorhandenen und Neuaufbau
Startpunkt	aktueller Stand der Technik, konventionelles Know-how	technologischer Durchbruch, neue Ideen / Verfahren
Erfordernis	hoher Betreuungsaufwand, geringe Investitionen	erhebliche Investitionen, geringer Betreuungsaufwand
Ziel	Verbesserung der bisherigen betrieblichen Ergebnisse	Gewinn durch neue Ergebnisse
Zielgruppe	besonders die langsam wachsenden Wirtschaftssysteme	vor allem schnell wachsende Wirtschaftssysteme

nach IMAI 1992

ABB. 3.1: GRUNDTYPEN BETRIEBLICHER INNOVATIONSSTRATEGIEN

Kein Allheilmittel

Manchmal verstärkt sich der Verdacht, „Innovation" würde wahllos als Allheilmittel in wirtschaftlichen Problemzeiten verordnet, angepriesen, übernommen. Allheilmittel sind Innovationen natürlich nicht. Vor allem gilt es, den Unterschied zwischen einmaliger Verbesserung und Innovation zu sehen. Die computergraphisch gelungene Umgestaltung eines beliebigen Firmenlogos ist keine Innovation. Es sei denn, sie steht als sichtbarer Ausdruck für die komplette Neuorganisation des gesamten Unternehmens.

3.3 Vier anstoßerregende Diagnosen

Gleichgewichtsstörungen erwünscht!

Insgesamt allerdings läßt sich feststellen, daß in Deutschland recht gute Voraussetzungen für Innovationen gegeben sind. So der Befund des *Expertenkreis*es, der daran eine ganze Reihe von Diagnosepunkten, Thesen, Fragen, kritischen Anmerkungen, Empfehlungen und Perspektiven geknüpft hat. Keine endgültigen Wahrheiten, sondern Beobachtungen und vor allem Anstöße, die Unternehmen aus ihrem behäbigen oder gefährlichen Gleichgewicht bringen sollen - ganz im Sinne der *Klingel*'schen Glocke.

Mindestens die erste der insgesamt vier Ausgangsdiagnosen gehört längst zum Allgemeinwissen:

- Unternehmenserfolge lassen sich auf Dauer nur durch Innovationen sichern - von ihnen hängt zugleich die Konkurrenzfähigkeit einer gesamten Volkswirtschaft ab.

Über die drei folgenden läßt sich sicher detailliert streiten. Wichtiger ist es jedoch, über ihren inneren Zusammenhang und die Konsequenzen auf ganz unterschiedlichen Ebenen gründlich nachzudenken:

- Ihre Wettbewerbsfähigkeit über die Grenzen hinaus sichert sich die deutsche Industrie nur durch Innovationsstrategien, die über den Standort Deutschland hinausweisen, also durch das Verstehen und Nutzen der besonderen sozialen und kulturellen Bedingungen, Erfahrungen und Qualifikationen an anderen Orten. Vollbeschäftigung hier läßt sich damit allerdings nicht garantieren.

- Die Prosperität der deutschen Unternehmen darf nicht völlig vom Wohlfahrtsniveau des Landes getrennt werden.

- Es mangelt in Deutschland nicht an Ideen, sondern an Phantasie. Phantasie zum Umsetzen von Erfindungen in marktfähige, rentable Produkte.

Über den Standort D hinaus

Oft fehlt die Phantasie

Es geht nicht allein um das weltweit gezielte Nutzen von regionalen Ressourcen zum Vorteil des Unternehmens. Durch den Vergleich mit anderen Vorgehensweisen und Erfolgen und nach selbstkritischem Erkennen der eigenen Schwächen und Stärken werden auch am Standort Deutschland wieder Innovationen möglich. Mit dem Zielkonflikt „Zuhausebleiben oder Geldverdienen", der eine der Grundlagen, aber keine vollständige Erklärung für das Dilemma auf dem Arbeitsmarkt ist, befassen sich (neben anderem) sowohl das 4. als auch das 6. Kapitel.

Die wachsende Diskrepanz zwischen den Haushaltsdefiziten der öffentlichen Hände und den bei allem Jammern stolzen Jahresabschlüssen vieler Unternehmen ist tatsächlich besorgniserregend. Möglicherweise hat sich durch die zunehmend globale Perspektive der unternehmerische Blick dafür getrübt, daß bei fehlender oder stark beschnittener Kaufkraft selbst mit ausgeklügelten Marketingkonzepten der große Verkaufserfolg schlicht nicht zu erringen ist.

Das gilt auch für den Heimatmarkt. Selbst wenn es sich in den Augen amerikanischer Managementberater bei der Idee des Wohlfahrtsstaats um ein „schweres Handicap" für Unternehmen am Standort Deutschland handelt: Das Selbstverständnis als Staat mit sozialer Marktwirtschaft darf deshalb nicht aufgegeben werden. Dafür werden, so ist zu hoffen, nicht zuletzt jene Unternehmen sorgen, die in turbulenten Zusammenhängen von den unzweifelhaft stabilisierenden Vorteilen dieses Systems profitieren.

Soziale Marktwirtschaft nicht aufgeben

Die vierte Diagnose kommt der von *Albert Einstein* formulierten schon erstaunlich nahe, die als Motto über dem 7. Kapitel steht. Sie läßt sich leicht belegen mit der Geschichte der Fax-Maschine, die zwar in Deutschland erdacht, aber als Innovation von Japan aus die Welt erobert hat. Und sie bestärkt noch einmal die Definition: Zur Innovation wird eine Invention erst durch die wirtschaftlich erfolgreiche Nutzung. Experten halten die Erwartung für total realistisch, daß sich künftig die Innovationsausbeute einer zündenden Idee von derzeit 10% auf 30% steigern läßt.

3.4 Vier Thesen

Die folgenden Thesen führen mit Sicherheit zu ganz unterschiedlichen Schlußfolgerungen und Strategien bei denjenigen, die tatsächlich auf der Suche sind - genau das ist die Absicht!

1. Die Innovationsfähigkeit eines Unternehmens und damit seine Technologieführerschaft ist nur zu sichern, wenn größere Teile der Produktion im Lande bleiben und weiter selbst beherrscht werden. (Zumindest muß der weltweite Zugriff auf aktuelles Produktionswissen gesichert sein.)

Dazu ein Zitat aus dem Festvortrag zur Eröffnung der Münchner Medientage 1995: *„Innovationen sind kein Zufallsprodukt. Wir stochern nicht im Nebel und begegnen zufällig einer Innovation, sondern wir gehen systematisch vor, definieren Innovationsfelder und Produktanforderungen, auf die wir gezielt hinarbeiten."* Der Vorstandsvorsitzender der *Siemens AG*, **Heinrich von Pierer,** sprach nicht nur von der Mikroelektronik als dem „eigentlichen Intelligenzträger" für immer mehr Produkte und Systeme oder von Solarkompetenz auf dem Weg ins dritte Jahrtausend. Er sprach auch über so unspektakulär-innovative Produkte wie Oberflächenwellenfilter, die nie mehr nachjustiert werden müssen und beispielsweise in Mobiltelefonen oder Fernsehgeräten für trennscharfe Verarbeitung von Wellen sorgen. Wegen der enormen Nachfrage wurden 50 Millionen Mark investiert und die Fertigungskapazität erhöht. Nicht etwa in einem Billiglohnland, sondern in München entstanden 165 neue Arbeitsplätze.

„Wir stochern nicht im Nebel..."

Einfach und intelligent

"Man kann auch einfache Produkte intelligent herstellen - sogar in Deutschland", bestätigt Eberhard Merz, unter anderem verantwortlich für die technische Planung und Koordination bei der *Freudenberg Dichtungs- und Schwingungstechnik, Weinheim.* Die Produkte, die er meint, haben parallel zum Konjunktureinbruch Anfang der 90er Jahre mit der Orientierung des Unternehmens am Weltmarkt einen Preisverfall um durchschnittlich über ein Viertel erlebt. Sie kosten zum Teil nur 20 Pfennig pro Stück, sind jedoch millionenfach unentbehrlich (zum Beispiel an jedem Ventil eines Automotors) und tragen sehr wesentlich zum Unternehmensgesamtumsatz von jährlich 5 Milliarden Mark bei. Die Rede ist von Simmerringen, höchst spezifischen vulkanisierten Dichtungen, für deren Herstellung schon bei Freudenberg allein 80.000 verschiedene Werkzeuge vorrätig gehalten werden.

Selber produzieren macht innovativ

"Uns fällt auf die Dauer nichts Neues mehr ein zu Produkten, die wir nicht wenigstens in der ersten Entwicklungsstufe selbst produziert haben. Die meisten Neuentwicklungen sind unmittelbar aus der praktischen Erfahrung heraus entstanden." Der zweite Teil dieser Aussage erklärt eher nebenbei die Erfolgsstory der japanischen Industrie. Der erste Teil beschreibt das Dilemma, das in nahezu allen Branchen Probleme nach dem Outsourcing verursacht hat, aber besonders typisch ist für die Situation der Zulieferer für die Automobilindustrie. Bei drei bis vier Jahren Entwicklungszeit, fünf bis zehn Jahren normaler Produktion und rund dreißig weiteren Jahren der Ersatzteilproduktion müssen dringend zwei Fragen klar beantwortet werden:

Klärungsbedürftige Fragen

- Was wollen wir weiter in Deutschland produzieren? und:

- Welche Voraussetzungen müssen gegeben sein, damit hier weiter produziert werden kann?

In den wirtschaftlichen Ruin hinein zu produzieren kann wahrlich nicht das Ziel unternehmerischen Handelns sein. Antwort 1 darf also nicht lange auf sich warten lassen. Die Antwort auf Frage 2 sollte sich nicht auf Ausbildungsstrukturen, Verdienstniveau und die Bereitschaft zur Weiterqualifizierung bei FacharbeiterInnen, TechnikerInnen und IngenieurInnen beschränken. Sie zielt auch auf die nötigen Netzwerke, die von Herstellern, Anwendern und „Dienstleistern" zum wechselseitigen Nutzen bereits geknüpft werden. Dabei gehen die Dienstleistungen über Beratung und Wartung mittlerweile deutlich hinaus: Auch Versicherungsangebote und Finanzierungsmöglichkeiten oder internationale Marketingkonzepte gehören zur Kooperation.

Umfassender Servicebegriff

> 2. *Mangelnde Kommunikation und fehlendes Vertrauen zwischen den an einer Innovation Beteiligten sind durch Kapitaleinsatz nicht aufzuwiegen.*

Wer kennt sie nicht, die Reibungsverluste bei jeder Art von Zusammenarbeit? Unterschiedliche Zeitvorstellungen, Zielvorgaben, Arbeitsweisen... Latente Spannungen sind das Harmloseste und nahezu unvermeidlich, wenn so unterschiedliche Ziele wie die der Produktion (kurzfristig kostenorientiert) mit denen des Marketings (permanent umsatzorientiert) und denen der betrieblichen Forschung und Entwicklung (langfristig wettbewerbsorientiert) in Einklang gebracht werden müssen.

Ohne gemeinsame Informations- und Motivationsbasis wird das nicht gelingen. Der richtige Weg: Kommunikation und Vertrauen - und die überall verbreitete Botschaft, daß die überlebenssichernden Innovationen nicht „das Bier" einiger

Kommunikation und Vertrauen

gehätschelter Spezialisten oder des Top-Managements sind, sondern eine ganzheitliche Unternehmensaufgabe.

Daß dieser Weg keine Illusion ist und viele Formen und Stationen haben kann, zeigen ganz unterschiedliche Beispiele:

Ein Weg mit vielen Stationen

- Da schließen sich Forscher aus den Zentrallabors und Entwickler aus verschiedenen Unternehmensbereichen für Projekte zusammen, um rasch themenspezifische, sehr konkrete Ergebnisse zu erarbeiten.
- Da wird ein „Club der Querdenker" gegründet, der Forschern aus allen Teilen des Unternehmens Gelegenheit gibt, sich besser kennenzulernen und wechselseitig auf gute Gedanken zu bringen.

Club der Querdenker

- In manchen Firmen gibt es regelmäßige Gesprächsrunden mit Beteiligung des Vorstands als *technical social hour* - Brainstorming in geselliger Runde.
- Andere besinnen sich möglicherweise auf die rund hundertjährigen Grundsätze des Betrieblichen Vorschlagswesens, die im Krupp-Imperium erfunden und im „tausendjährigen Reich" diskreditiert wurden. Vor allem wegen ihrer minutiös festgelegten Regeln und eines gewaltigen organisatorischen Aufwandes sind sie ein wenig in der Versenkung verschwunden. Doch in Gestalt von Ideenbörsen, Qualitätszirkeln und sonstigen mehr oder weniger regelmäßigen Treffs zeigt sich immer deutlicher, daß die Problemlösungspartner des Managements in sämtlichen Abteilungen eines Unternehmens zu finden sind.

Problemlösungspartner in allen Abteilungen

- Auch auf Kooperation mit externen Partnern wird gesetzt, oder auf intensive Marktkontakte.

Manchen Projektteams gelingt es, sich stärker interdisziplinär anregen zu lassen durch regelmäßige Treffen mit Experten aus ganz anderen Gebieten.

Natürlich reichen all diese Bemühungen in ihren langfristigen Effekten über „nette Abende" oder „gute Gespräche" nicht hinaus, wenn nicht eine gemeinsame Vorstellung davon vorhanden ist, in welche Richtung denn die Innovationsbemühungen gehen sollen, wo das Ziel im Interesse und gemäß den Möglichkeiten des Unternehmens überhaupt liegen kann.

- Besonders innovationsträchtig ist deshalb ein Beispiel aus dem Hause *Mettler-Toledo*: Im Rahmen ihrer ganzheitlich konzipierten Arbeit absolvieren Beschäftigte des Waagenherstellers auch Praktika bei Kunden.

Praktika bei Kunden

Nichts schärft unmittelbarer den Blick für Verbesserungsansätze, nichts sensibilisiert stärker für neue Notwendigkeiten.

> 3. *Der Erfolg einer Innovation steht und fällt mit ihrer Umsetzung und der Gestaltung des Innovationsprozesses.*

Es gibt einen wesentlichen Unterschied zwischen Innovation und Geistesblitz: Letzterer ist sich selbst genug - eine Innovation hingegen muß sich durch eine ganze Reihe notwendiger Phasen erst zu ihrer vollen Schönheit entwickeln. Dabei hängt die Reihenfolge davon ab, ob der Start des gesamten Innovationsprozesses von einem Marktimpuls oder von einem Technikimpuls ausgelöst wurde. Entscheidend ist, daß alle Phasen durchlaufen werden - entweder nacheinander oder parallel. Beim Vergleich der beiden folgenden Varianten des „Phasenmodells" fällt zweierlei auf:

Alle Phasen sind wichtig

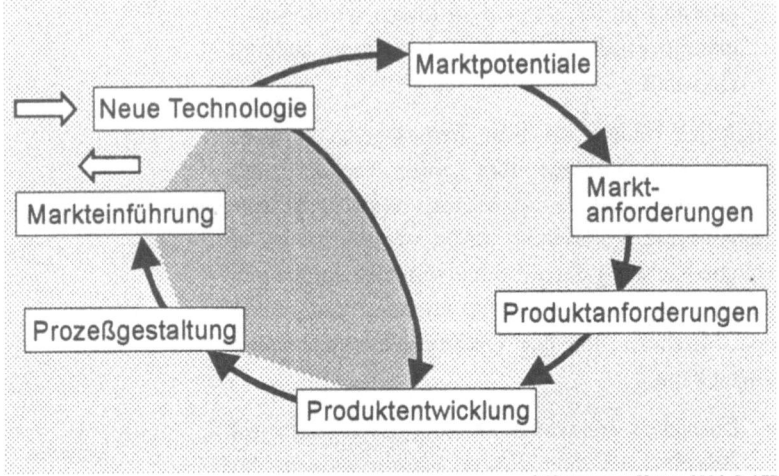

nach HARTMANN, KÖNIG 1996, S. 177

ABB. 3.2: (UNVOLLSTÄNDIGES) PHASENMODELL DES INNOVATIONSPROZESSES AM BEISPIEL DES TECHNOLOGIEIMPULSES

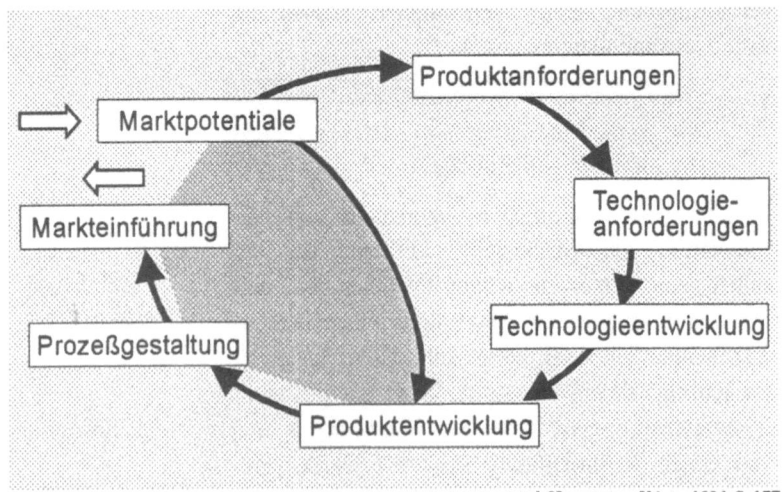

nach HARTMANN, KÖNIG 1996, S. 177

ABB. 3.3: (UNVOLLSTÄNDIGES) PHASENMODELL DES INNOVATIONSPROZESSES AM BEISPIEL DES MARKTIMPULSES

- Die zweite Hälfte eines Innovationsprozesses besteht - unabhängig vom Auslöser (Markt oder Technologie) - immer aus denselben Phasen. Und genau die werden in der Begeisterung allzuoft allzuschnell angesteuert. Mit dem Risiko eines drohenden Mißerfolgs.
- In Schritt zwei und drei eines Innovationsprozesses kommt es nämlich immer darauf an, das zum Auslöser komplementäre Element zu bearbeiten (also technische Aspekte bei vorhandenen Marktpotentialen und Marktaspekte bei vorhandener neuer Technologie).

Wenn es durch Abbau von Widerständen und Barrieren, die durch Hierarchiedenken und jahrelang gepflegte Bereichsegoismen entstanden waren, erst einmal gelungen ist, die vielen innovativen Kräfte im Unternehmen in Schwung zu bringen, bleibt zur Organisation des Innovationsprozesses bis hin zum erfolgreich vermarkteten Produkt immer noch viel zu tun. Vor allem in puncto Markterforschung, Reaktion auf Kundenbedürfnisse und Marktvorbereitung sind große Defizite zu registrieren - technische Perfektion allein gewinnt heute nicht mehr den internationalen Wettbewerb. Dabei ist der Markt durchaus vielschichtig wahrzunehmen: Unterschiedliche Erwartungen, Rahmenbedingungen und Potentiale können regional, national, europaweit und weltweit genutzt werden.

Große Defizite trotz aller technischen Perfektion

4. *Jeder Innovationsprozeß wird bestimmt vom Innovationsprofil des jeweiligen Unternehmens. Es gibt keinen „Königsweg", aber es gibt verschiedene „Königsmuster" erfolgreicher Innovationsstrategien.*

Mit stetig wachsendem internationalem Konkurrenzdruck, der ja längst nicht mehr über billige, meist minderwertige Imitationen allein ausgetragen wird, sondern sich auf qualitativ hohem Niveau abspielt, kommt letztlich immer wieder die Frage auf: Was eigentlich ist die Innovation?

Vom Unterschied zwischen inkrementalen und Sprunginnovationen war schon die Rede. Es gibt auch wesentliche Unterschiede bei den Voraussetzungen und Konsequenzen, je nach dem, ob die Innovation als „letzte Rettung" vor einem Desaster oder als „große Chance" zum Durchbruch verstaanden wird, ob sie von der Marktentwicklung „gezogen" oder von einer neuen Technologie „angeschoben" wird, ob es sich bei der Innovation um ein Produkt, ein technisches Verfahren, um organisatorische Abläufe oder um gesellschaftliche Einstellungen mit politischen und sozialen Auswirkungen handelt.

Pull oder Push?

3.5 Individuelle Innovationsprofile

Es gibt ein relativ kompaktes, sehr gehaltvolles Instrument zum Bestimmen dessen, was im jeweiligen Unternehmen mit allen Wechselwirkungen zu berücksichtigen ist und als künftiger Trumpf zunächst erkannt, dann entwickelt und schließlich ausgespielt werden kann. Eine Gefahr besteht ja immer darin, daß Argumente isoliert betrachtet werden. Auch die Einzelbestandteile eines Innovationsprozesses, je für sich als günstig oder negativ bewertet, können - ganz besonders unter den längst nicht mehr stabilen sondern eben turbulenten Umfeldbedingungen - zu einer völligen Fehleinschätzung der Situation und der Perspektiven führen.

Gefahren der isolierten Betrachtung

Das in einer Arbeitsgruppe des *Expertenkreises* unter Leitung von *Matthias Hartmann* im Magdeburger *Fraunhofer-Institut Fabrikbetrieb und -automatisierung / IFF* entwickelte Instrument ist eine Tabelle mit den unterschiedlichen Erscheinungs- und Gestaltungsformen (Morphologie) von Innovation, der „morphologische Kasten". Mit seiner Hilfe ist es möglich, das „Innovationsprofil" eines beliebigen Unternehmens mit überraschender Genauigkeit und großer Differenziertheit zu zeichnen. Dazu werden die acht verschiedenen Kriterien jeweils mit bis zu vier Ausprägungen vernetzt.

DER MORPHOLOGISCHE KASTEN

KRITERIUM	AUSPRÄGUNG			
Entstehungsort bzw. Auswirkungsebene	betrieblich	überbetrieblich	gesellschaftlich	
Gegenstand	Produkt (Erzeugnis und/oder Dienstleistung)	Organisatorische Prozesse	Technische Prozesse	Verhalten/ Einstellung
Höhe	Sprunginnovation	inkrementale Innovation mittelinduziert · zweckinduziert		
Zeit	Innovationsführer	Innovationsfolger		
Anlaß bzw. Auslösefaktor	Technologieschub (Push)	Zugkraft des Marktes (Pull)	antizipative Vision	
Träger	Einzelperson Monade: Ingenieur oder Bastler	Team Triade: Ingenieure + Facharbeiter + Kaufleute		
Methode	Spezialisierung	Kooperation		
Rahmenbedingungen	chancengetrieben	krisengetrieben		
Art	Einzelinnovation	Systeminnovation		

nach HARTMANN, KÖNIG 1996, S. 167

ABB. 3.4: INSTRUMENT ZUR ERSTELLUNG VON INNOVATIONSPROFILEN

Manche der Kriterien samt Ausprägungen sind ohne weiteres verständlich, manche verdienen oder benötigen gewisse Erklärungen. Anschaulicher wird die Tabelle mit Sicherheit durch einige Beispiele.

Bei der gesellschaftlichen *Ebene* von Innovationen (im Gegensatz zur betrieblichen oder überbetrieblich-kooperativen) handelt es sich etwa um Gesetzgebung, um staatliche Förderpolitik oder Grundlagen zur Aus- und Weiterbildung, die von paritätisch besetzten Gremien erarbeitet wurden.

Beim *Gegenstand* der Innovation als Produkt kann es sich um die Glühbirne, das Auto, das Telephon oder den elektronischen Megachip handeln, bei organisatorischen Prozessen um die Einführung des Taylorismus oder von Gruppenarbeit (einschließlich Bezahlung nach Tarif plus Gruppenprämie statt nach Akkord), bei technischen Prozessen um den Rotationsdruck oder den Warenumschlag per Container, bei innovativem Verhalten um die Delegation von Verantwortung oder um Unternehmensmanagement durch Zielvereinbarungen.

<small>Gruppenarbeit als innovatives „Produkt"</small>

Auch zu dem für die jeweilige Profilierung sehr entscheidenden Kontrast zwischen Innovationsführer oder -folger lohnen sich einige Anmerkungen. Unter dem Kriterium *Zeit* stehen sie, weil es um den Zeitpunkt geht, zu dem die Unternehmen mit ihrer Innovation auf den Markt kommen und erfolgreich sind. Bei beiden gibt es eine bedeutsame Unterteilung: Im ersten Fall in Technologiepionier und Technologieausbeuter, im zweiten Fall in kreative Imitation und unternehmerische *„Judo-Strategie"*. Diese setzt an Nachlässigkeiten der Marktführer an und hebelt sie über ihre besonders empfindlichen oder schwachen Stellen aus.

Technologiepioniere sind in erster Linie an der neuen Entwicklung als solcher interessiert. Sobald eine Technologie „reif" geworden ist und die Märkte preissensibel werden, wenden sie sich der nächsten Herausforderung zu. *Technologieausbeuter* hingegen haben den Ehrgeiz, über den gesamten Produktlebenszyklus „Spitze" zu sein; sie nutzen konsequent die Lernkurveneffekte und sichern ihre Marktführerschaft über Qualität und Preisgestaltung.

Innovationsfolger sind generell stärker markt- als technologieorientiert und in der Lage, aus den Erfahrungen der Führer zu lernen. Kreative Imitationen haben besonders große Chancen, solange der Markt noch nicht perfekt bedient ist, solange zusätzliche Kunden über deren Probleme der mit der neuen Technik durch spezielle Leistungs- und Lösungsangebote gewonnen werden können. Die unternehmerische „Judo-Strategie", oft erfolgreich und ziemlich risikoarm, basiert auf besonders aufmerksamer Marktbeobachtung.

Technologie-
ausbeuter und
kreative Imitatoren

Es ist völlig unmöglich, diese holzschnittartig dargestellten Strategien unter der Frage „...besser oder schlechter?" miteinander zu vergleichen. Nachteile und Risiken gehören immer dazu. Ein Innovationsfolger beispielsweise hat nie die Chance, als Monopolist einen ganzen Markt nach seinen Regeln zu gestalten und zu beherrschen; ein Innovationsführer muß alle Anlaufrisiken auf die eigene Kappe nehmen. Was unerträglich, erstrebenswert oder gar nicht diskutabel ist, hängt von unzähligen Umständen und Bewertungsmustern ab.

Keine Frage von
besser oder
schlechter

Es geht beim Anwenden des „morphologischen Kastens" darum, die jeweils charakteristischen Ansatzpunkte zu erkennen, keinen Gesichtspunkt zu vergessen - und sie in einer sinnvollen Kombination zu nutzen. Die Vielfalt der Möglichkeiten läßt sich nur ahnen. Selbst wenn sich nach genauer Analyse einmal herausstellen sollte, daß zwei Unternehmen identische „Profile „aufweisen, kann das eine mit seiner Innovation durchaus Probleme haben, während das andere erfolgreich ist. Auch in diesem Zusammenhang gilt: Der „Königsweg" bleibt ein Traum - es gibt nur „Königsmuster" zur individuellen Entwicklung der Innovationsstrategie.

Es gibt nur „Königsmuster"

3.6 Auf der Suche nach Partnern und neuen Maßstäben

Mit absehbaren und unverhofften Hindernissen muß gerechnet werden. Das ist Alltagsweisheit, gilt bei der Kindererziehung wie im Innovationsprozeß. Bei einigem Realitätssinn voraussehbar war und ist die Schwierigkeit, daß mit dem rasanten Auslagern jener Aufgaben, die deutlich mehr Lohnkosten als Investitionen im technischen Bereich verursachen, natürlich auch das Know-how aus dem Unternehmen verschwindet. Allzu kurzfristiges, personalkostenfixiertes Outsourcing kann auf längere Sicht im Extremfall den Ruin bedeuten.

Outsourcing bis zum Ruin?

Wenn andererseits die Bereitschaft und das Interesse an Grundlagenforschung in Unternehmen durch gesetzgeberische Spitzfindigkeiten nachhaltig gestört werden, bleibt theoretisch - quasi als Notwehr - die Möglichkeit, die einschlägigen Aktivitäten „im Exil" weiterzubetreiben. Das würde die Innovationskraft einzelner Unternehmen möglicherweise retten, die des Industriestandorts Deutschland allerdings ausbluten.

Denn auch jenseits der betrieblichen Grenzen, in der freien und hochschulnahen Forschung, geraten Arbeitsmöglichkeiten für qualifizierte WissenschaftlerInnen und damit die Grundlagen der Innovationsfähigkeit in große Gefahr. Weniger aus finanziellen Gründen als durch bürokratisch-administrativen Streit über Zulässigkeiten und Zuständigkeiten.

Bleiben als Innovationspartner der Unternehmen die Universitäten, die allerdings in der Regel noch kein großes Geschick entwickelt haben, ihr problemlösendes Know-how in der Öffentlichkeit zu „verkaufen". An vielen Hochschulen führen die Transfer- oder Kontaktstellen, so es sie überhaupt gibt, eher ein Dornröschen-Dasein. Da bietet es sich für interessierte Unternehmen an, den „Prinzen" zu spielen:

Transferstellen im Dornröschenschlaf?

- Ihre Wissenschaftsbeauftragten könnten Kontakte knüpfen;
- sie könnten im wohlverstandenen betrieblichen Eigeninteresse noch viel mehr Forschungsarbeiten im Hause ermöglichen;
- in den Stellenplänen ließen sich beispielsweise auch ganz gezielt Zwitterpositionen vorsehen, die je zur Hälfte von Hochschule und Betrieb finanziert werden und von denen beide Partner voll profitieren könnten.

Arbeitsplätze und Innovationen - das ist ohnehin ein sensibles Kapitel. Zweifellos entstehen zusätzliche Arbeitsplätze eher durch Produkt- und Dienstleistungsinnovationen als durch Prozeßinnovationen. Gerade letztere aber werden - mitsamt ihren nur im Ausnahmefall arbeitsgenerierenden Effekten - traditionell in Deutschland stärker begünstigt: Zum einen durch die staatliche Politik der Forschungs- und Entwicklungsförderung, zum anderen auch durch das technologielastige Selbstverständnis erfolgreicher Innovateure.

Nur ausnahmsweise arbeitsgenerierend

Von der Monade zur Triade

Innovationsforscher sehen es als besonders wichtig an, daß möglichst rasch die konventionelle „Monade", also der mehr oder weniger eigenbrötlerisch vor sich hin erfindende Feierabendbastler oder der geniale Ingenieur, integriert wird in „Triaden": Innovationsteams bestehend aus IngenieurInnen, FacharbeiterInnen und Kaufleuten, die eng kooperieren und abwechselnd die Führungsrolle übernehmen.

Die Forscher machen auch darauf aufmerksam, daß in den meisten Unternehmen der Innovationsbegriff viel zu eng gefaßt ist und daß oft genug eine verfilzte Organisation wirklich innovationsfähige Menschen völlig demotiviert hat. Neben der Überbetonung von technologischem Ruhm sei außerdem das Interesse viel zu stark von der Kostenfrage bestimmt. ("Gute Ideen gibt es genug, doch der Chef lehnt sofort ab: zu teuer!") Natürlich erfordere es heute noch besondere Entschlußkraft, für die Erfolge der Zukunft jedoch sei es unerläßlich, viel stärker gewöhnliche wie ungewöhnliche Kundenbedürfnisse und gewandeltes Nachfrageverhalten ins Visier zu nehmen und bei der Bewertung auch die Vorteile für Nutzer und Kunden (wie größere Flexibilität oder Zeitersparnis) einzubeziehen.

3.7 Mängelrügen und Empfehlungen

Kundenorientierung als entscheidendes Plus

Untersuchungen in einer Vielzahl von Unternehmen haben deutlich gezeigt, daß der Einführung von Innovationen häufig unzulängliche Marktbeobachtung und Marktvorbereitung vorausgehen. Dabei können geschickt erfaßte und berücksichtigte Kundenbedürfnisse einem technisch bereits perfekt konzipierten Produkt unter Umständen den entscheidenden Pluspunkt verschaffen. Wettbewerbsanalyse einschließlich kritischer Selbsteinschätzung und rechtzeitige Sicherung der Absatzkanäle sind ebenso unerläßlich (und werden von begeisterten Erfindern ebensooft in der Tragweite unterschätzt), wie eine realistische Kalkulation der Kosten bis zum berühmten Break-even-Point, dem Augenblick, wo beim Verrechnen der roten mit den schwarzen Zahlen nur noch schwarze übrigbleiben.

Eine „doppelte Innovationsblockade" wird in einer viel zu langen Zeit- und Entwicklungsspanne sowohl zwischen Prototyp und serienreifem Produkt als auch zwischen technischer Lösung und marktfähiger Lösung gesehen. Dazu der selbstkritische Kommentar eines Insiders: *„Wir schaffen es gerade noch bis zur Patentanmeldung...."*

Doppelte Blockierung

Doch auch Patentanmeldungen in Deutschland sind in alarmierendem Maße zurückgegangen - nicht zuletzt als Folge der verschlankten Strukturen. Als Mitte der 80er Jahre die Unternehmen begannen, ihre eigenen Patentstellen abzubauen, um mit Patentanwälten weiterzuarbeiten, wurde nicht mitbedacht, daß es gerade in diesem kreativen Bereich der künftigen Verwertung geistigen Eigentums starke Vorbehalte gegenüber der Einschaltung von externen Dienstleistern gibt. Die Zahl der Patentanmeldungen, ein recht zuverlässiger Indikator für die Innovationskraft einer Volkswirtschaft, hat sich noch nicht wieder erholt.

Patentanmeldungen als Indikator

Weitere Mängelrügen an die Adresse deutscher Unternehmen:

- In der Standortdiskussion wird die Bedeutung der globalisierten Märkte mittlerweile gesehen, doch darüber wird die des Heimatmarktes vernachlässigt: Als *Pilotmarkt* für Innovationen

Heimatmarkt EU

spielt er im Bewußtsein eine noch viel zu geringe Rolle, als *Nachfragemarkt* könnte er für viele Innovationen geradezu entscheidend werden, da zunehmend die „Heimat" Europäische Union die richtige Größenordnung für wirtschaftlichen Erfolg gewährleistet.

- Der Verlust der Vollbeschäftigung wächst sich aus verschiedenen Gründen zu einer massiven Blockade aus.

  a) Inzwischen klammern sich auch Ingenieure an ihre Arbeitsplätze und werden zunehmend risikoscheu - Menschen, die Angst haben, sind nicht kreativ.

  b) Internationale Wettbewerbsnachteile können unter anderem dadurch entstehen, daß die Lohnnebenkosten allein durch die Kosten der Arbeitslosigkeit weiter steigen.

  c) Ein Verständnis und die Aufrechterhaltung von Stabilität, die sich vor allem an (von Menschen und ihren Lohnforderungen verursachten) Kosten orientiert, treibt die Deutsche Mark in immer größere Höhen, was den Export nachweislich erschwert.

Schmerzlicher Befund

- Schließlich, kurz und schmerzlich, der Befund der *Boston Consulting Group*: „Deutschland hat ein Führungskräfte-Problem - zu viele Administratoren, zu wenig Kreative." Dieser Befund trifft nicht nur die oberste Hierarchie, er zieht sich durch alle Unternehmensebenen (je mehr, desto deutlicher) und blockiert den erfolgreichen ganzheitlichen Weg, den doch alle suchen: Von der Idee über die Invention zur Innovation.

Fast ebenso knapp und verständlich lassen sich wesentliche Erfolgsfaktoren für unternehmerische Innovationsstrategien formulieren.

- Erfolgreiche Innovationen orientieren sich genau am Markt, also an den Kundenwünschen. Sie haben vor allem neue Märkte rechtzeitig mit einbezogen (z.B. Umwelttechnik, modulare Elemente für die weitere Industrialisierung, Interessen der neuen Mittelschichten in den sogenannten Schwellenländern usw.).

- Erfolgreiche Innovationen bauen auf den selbstkritisch herausgefundenen Stärken des Unternehmens auf. Sie dienen weniger der Schwachstellenbeseitigung - allerdings sollten die „schwachen Stellen" einer guten Idee, genau wie die erst im Verlauf ihrer Realisierung erkennbar werdenden Schwächen, möglichst genau gesehen und bald in Stärken verwandelt werden.

- Erfolgreiche Innovationen sind weltweit ausgerichtet, ohne die örtliche Anbindung aufzugeben. Globale Konzeptionen sind auf lokale Rahmenbedingungen, Anforderungen und kreative Potentiale angewiesen. Ohne eigene Produktion versiegt die Kraft zur Innovation.

    Keine globale Konzeption ohne örtliche Verankerung

- Erfolgreiche Innovationen passen zum Selbstbild eines Unternehmens. Sie müssen auch unternehmensintern „verkauft" werden - dann können sie motivieren und die Unternehmenskultur stärken.

Für den *Expertenkreis* „Zukunftsstrategien" haben *Hans Klingel* und *Matthias Hartmann* ihre Kernthesen zur Steigerung der Innovationsfähigkeit in eine Reihe von Schaubildern umgesetzt. Die folgende Abbildung 3.5 bietet eine Übersicht.

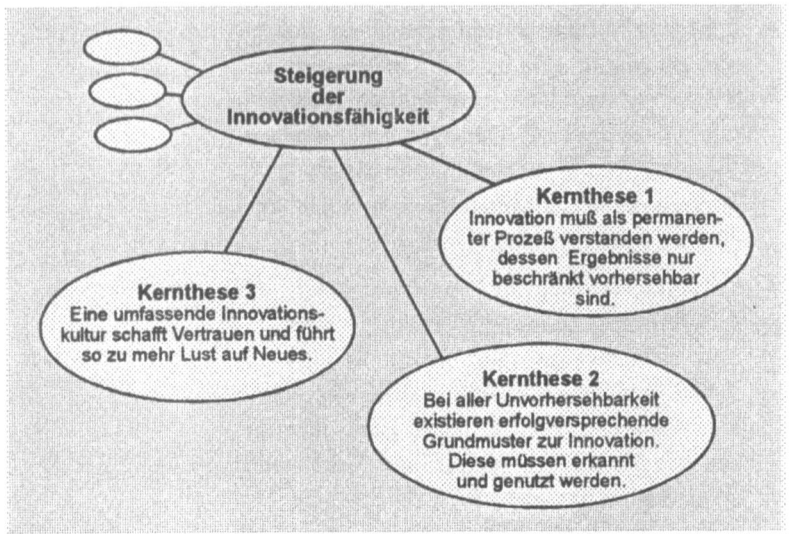

nach HARTMANN, KLINGEL 1996, NR. 23

ABB. 3.5: KERNTHESEN ZUR BETRIEBLICHEN INNOVATIONSFÄHIGKEIT

3.8 Blick in die Zukunft

TELESHOPPING UND TELEPRODUCING: Über die heutigen digitalisierten, multimedialen Bestellmöglichkeiten hinaus dürfte es für besondere Kunden schon bald kein Problem mehr sein, gewünschte Artikel in absoluter Individualanfertigung über dezentrale, computergesteuerte Systeme selbst zu gestalten und dann herstellen und liefern zu lassen. Innovationsstarke Unternehmen schaffen bereits die nötigen Infrastrukturen. Dabei wird zweifellos die Vernetzung vielfältigen Know-hows zusammen mit der breiten Nutzung unterschiedlicher Informations- und Kommunikationsmedien (vom Telebanking bis zum Bildtelefon und weit darüber hinaus) den geschäftlichen Erfolg bestimmen.

Schlüsselrolle elektronischer Medien

VIRTUELLE FABRIKEN: Vom Rendez-vous in der Cyber-Bar direkt in die virtuelle Fabrik. Und sowohl das eine wie das andere, ohne den tatsächlichen Aufenthaltsort (vor dem Computer) zu verlassen - warum nicht? Wo komplexe Kundenerwartungen und extrem kurze Zeitvorgaben es demnächst nicht mehr zulassen, die gefragten Produkte auf die traditionelle, also die heute gerade topaktuelle Art und Weise herzustellen, werden die heutigen Zukunftsvisionen zur blanken Notwendigkeit.

Je nach Umfang und Dringlichkeit eines Projekts schließen sich die Könner aus den jeweils geforderten Disziplinen für die notwendige Zeit zu einem Verbund zusammen - ziemlich unabhängig davon, wo auf dem Globus sie sich gerade befinden. Entscheidende Zugangsvoraussetzungen zu diesen globalen Produktionsverbünden sind theoretisches und praktisches Know-how auf höchstem Niveau, sofortige Verfügbarkeit, äußerste Flexibilität und die Fähigkeit, sich auf immer wieder neue Partner einzustellen.

Wohlgemerkt: Nicht von Anforderungen an freiberufliche Einzelpersonen ist hier die Rede, sondern von Voraussetzungen für das Überleben von Unternehmen als innovative Gemeinschaften!

Unternehmen als innovative Partnerschaften

INNOVATIONEN IN ARBEITSTEILUNG: Der Schritt vom Erfinder als Einzelgänger zum hierarchiebefreiten Innovationsteam ist überfällig, aber ein Endstadium ist damit sicher nicht erreicht. Computergestützt und multimedial gestaltet gibt es bereits heute Kooperationen rund um den Erdball, die weder Produktion noch Vermarktung, sondern den kreativen Prozeß, den Ursprung jeder Innovation, prägen und „wettbewerbsfähig" machen.

Teams, die sich darauf eingelassen haben, entscheiden mit über die wirtschaftliche - und politische - Zukunft des vielzitierten Standorts Deutschland. Sie haben sich endgültig getrennt von dem, was der Bewußtseinsforscher *John Hormann* als „vorsintflutliches, utilitaristisches Denken" bezeichnet: die Konzentration auf das Mach- und Wiederholbare, die Konditionierung zu eingleisiger Zielstrebigkeit, zu Zeitdruck und zu Vorurteilen.

Ihre Art der Zusammenarbeit ist geprägt von „systemischem Partnerschaftsdenken". Das hat mit systematischem Denken herzlich wenig zu tun - es bedeutet vielmehr, daß die Partner sich auf die Wirklichkeit als ein System, „ein nahtloses Gewebe aus Bewußtsein und Materie" einlassen, daß sie diese Wirklichkeit verstehen als ein „Paradox, dessen Widersprüche und Spannungsfelder Nährboden für Innovationssprünge sind".

Einzelkämpfer kommen da verständlicherweise nicht mit, es sei denn, sie sind bereit, sich zu verbünden und umzudenken in Richtung der *Hormann'*schen Definition: *„Systemisches Denken ist ein Prozeß der Vertrauensbildung: Vertrauen in sich selbst, in andere und in die Zukunft."*

> Systemisches Partnerschaftsdenken

4 Globalisieren oder re-regionalisieren? Pioniere auf neuen Wegen der Kooperation

Es geht ums Kapieren
- nicht ums Kopieren
ÜBERLEBENSWEISHEIT
in bundesdeutschen Unternehmen vielzitiert, viel zu selten realisiert

Im Netzwerk globaler Beziehungen tun Einzelkämpfer sich schwer. Kooperation heißt die Devise. Doch auch die ist nicht leicht, denn bei aller Zusammenarbeit geht es in erster Linie um Selbstbehauptung. Die Entscheidung will wohlüberlegt sein, von Fall zu Fall: Hüten des Herrschaftswissens, Erweitern einer gemeinsamen Basis, Absichern eines gewissen Status oder Aufteilen neuer Risiken?

Im weltweiten Wettbewerb um Rohstoffe, Innovationsvorsprünge, kostengünstige Arbeitskraft und neue Absatzmärkte kommt es nicht nur darauf an, alle nur denkbaren Standortvorteile zu nutzen. Es geht zugleich um strategische und praxisnahe Bündnisse - also darum, gelegentlich sogar Konkurrenten als Verbündete zu gewinnen. Gezielt oder eher zufällig, für einen bestimmten Zeitraum oder auf Dauer, zum gemeinsamen Auftritt auf der Weltbühne oder vor verblüfftem Fachpublikum zu einer ganz speziellen Frage. Auf jeden Fall ist es Zeit, die letzte Scheu vor unternehmerischen Kooperationen abzubauen. Gute Erfahrungen zeigen, daß sich gerade mit jenen Stärken, die fachgrenzenüberschreitend gebündelt wurden, viel bewirken läßt. Und sogar letztlich gescheiterte Kooperationsversuche waren nicht vergeblich. Sie sind zumindest eines: lehrreich.

Kooperation als tägliche Praxis

Mittelständischen Betrieben muß man kooperatives Denken nicht als Geheimrezept anpreisen - es ist tägliche (wenn auch verbesserungs- und erweiterungsfähige) Praxis in Spezial- und Zulieferunternehmen, durchaus mit europäisch-internationalen Elementen. Anders sieht es aus beim Thema Internationalisierung oder Globalisierung der eigenen Produktion. Da erfordert es noch viel Entschlossenheit zum beherzten Sprung über typische Profilierungs- und Konkurrenzschatten. Mittelständler erkennen zwar zunehmend die Notwendigkeit, aber noch zu wenige konkrete Möglichkeiten, sich hier in internationale Zusammenhänge einzuklinken. Bislang stehen eher die von der weltweiten Konkurrenz bedrängten Großbetriebe vor der nur leicht überspitzt formulierten Gewissensfrage „Zuhausebleiben oder Geld verdienen?"

Es geht nicht um moralische Entscheidungen

Der Zielkonflikt ist offensichtlich. Jedes einzelne Unternehmen muß zum Überleben die eigene Rentabilität sichern; im nationalen (oder mittlerweile europäischen) Interesse hingegen liegt es, den Industriestandort insgesamt zu sichern. Es geht also nicht um vordergründig mehr oder weniger „moralische", sondern um widerstreitende betriebs- und volkswirtschaftliche Entscheidungen. Und keineswegs endgültig beantwortet ist die Frage, ob denn durch die vielbeschworene Fähigkeit, auch im turbulenten Umfeld zu produzieren, eher die jeweiligen Unternehmen oder die Produktion als solche (und wenn ja, welche?) am Industriestandort Deutschland oder Europa gehalten werden sollen.

4.1 Schillernder Begriff und Schwebezustand

Der *Expertenkreis* ist dezidiert der Ansicht, daß ohne unmittelbare Impulse aus der Produktion die Innovationsfähigkeit der Industrie zugrundegeht. Aufschlußreich und motivierend zugleich sind die in diesem Kapitel vorgestellten höchst unterschiedlichen Beispiele für kooperative Gratwanderungen und Balanceakte deutscher Unternehmen. Gleichzeitig kann auf mehrere wissenschaftliche Expertisen zurückgegriffen werden, die den schillernden Begriff der Kooperation nicht zuletzt im internationalen Vergleich zu fassen versuchen.

Gratwanderungen und Balanceakte

Die traditionelle Managementliteratur für die Praxis, aber auch viele Sozial- und Wirtschaftswissenschaftler holen unter den weiten Mantel des Kooperationsbegriffs so unterschiedliche Gebilde wie Kartelle und Genossenschaften, Wirtschaftsverbände und strategische Netzwerke, riskante Joint Ventures und grundsolide Lieferbeziehungen. Im Mittelpunkt ihres Interesses stehen meist die Strukturen der Organisation und Entscheidungsbefugnisse. Kaum erforscht, obwohl in der täglichen Praxis extrem wichtig angesichts sekundenschneller weltweiter Absprachen und Koordination, sind demgegenüber die Prozesse, also Fragen wie: Warum entstehen Konflikte? Wie werden sie im Interesse der Kooperation gelöst? Welche Maßnahmen führen Schritt für Schritt zu welchen Entscheidungen?

Kooperationsprozesse mehr beachten!

Es geht um deutlich mehr als eine organisatorische Bewältigung von Problemen, die durch oft übereilte Verschlankung der Unternehmen überhaupt erst entstanden sind. Kooperation basiert zu mindestens gleichen Teilen auf Austausch plus weiterer Nutzung von Informationen und der Fähigkeit zu Dialog plus Interaktion.

Kooperation, das ist so eine Art Schwebezustand, von Partnerschaft oder gar Freundschaft genauso abgehoben wie von paragraphenstrotzenden Vertragswerken. Viele der tragfähigsten Kooperationen basieren auf nicht mehr als einer gemeinsam unterzeichneten Absichtserklärung, freundlich und möglichst unkompliziert miteinander umzugehen. Die höchst innovativen und effizienten Kooperationen unter dem Dachbegriff „Silicon Valley" beispielsweise sind sogar weitgehend ganz ohne schriftliche Abmachungen ausgekommen.

Die Annahme allerdings, kooperative Beziehungen seien eben Voraussetzung für Aktivitäten im „globalen Dorf" oder für kreative Telearbeit, seien avantgardistische Allüre, allenfalls die unausweichliche Folge digitaler Vernetzung und deshalb für traditionelle, seit Generationen oder zumindest seit Jahrzehnten erfolgreich aktive Unternehmen nicht so wesentlich - diese Annahme ist falsch. Der Beweis dafür läßt sich mühelos bei der Firma *Freudenberg Dichtungs- und Schwingungstechnik / FDS* finden.

Weder Freundschaft noch Paragraphenwald

Bereits 1960, als es sich noch nicht um eine eigenständige Firma, sondern um einen auf Zulieferung wesentlicher Elemente für den weltweiten Pkw-Markt orientierten Teilbereich des Unternehmens Freudenberg handelte, wurde mit dem ebenfalls Dichtungsringe produzierenden japanischen Unternehmen *Nippon Oil Seal Company* ein Kooperationsvertrag geschlossen.

Zum damaligen Zeitpunkt liefen in Japan kaum 70.000 Autos pro Jahr vom Band - 1990 waren es an die 10 Millionen. Jüngster, nicht konsolidierter Jahresumsatz aus dem Vertrag: 3 Mrd. Mark. Mit dieser Kooperation, die sich längst über den japanischen Markt hinaus weltweit bewährt, und mit anderen Maßnahmen in den Ländern Europas wie auf dem US-amerikanischen Markt werden vor allem zwei Ziele verfolgt. Es geht, so *Eberhard Merz*, einerseits darum, „die Selbständigkeit als Familienunternehmen unter allen Umständen zu erhalten", andererseits um nicht weniger, als „die Qualitäts-, Kosten- und Marktführung in den relevanten Segmenten zu übernehmen."

Langfristige Geschäftsbeziehungen zu Kunden, Lieferanten und Partnern, vertrauensvolle Zusammenarbeit auf der Basis gegenseitiger Wertschätzung (intern wie international) und Produktion nicht nur zuhause: So kann es gelingen, Präsenz auf den Weltmärkten auszubauen und zu erhalten und den bisherigen Euro-Zentrismus der deutschen Industrie zu überwinden.

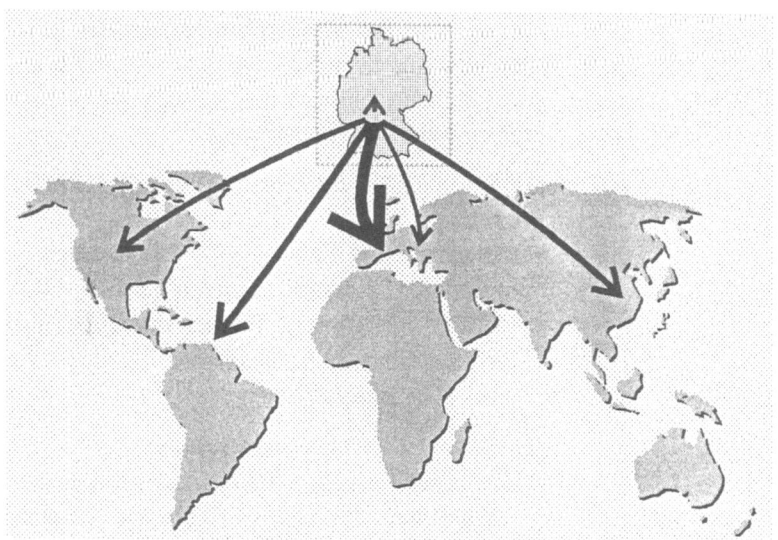

nach SCHULTZ-WILD 1996

ABB. 4.1: WELTWEITES PRODUKTIONSNETZWERK

Geben - nehmen - eigenständig bleiben

Niemand wird ernstlich behaupten, kooperative Beziehungen könnten auf vertragliche und organisatorische Koordination völlig verzichten. Eindeutig wichtiger als ein unterzeichnetes Dokument ist für die lebendige und erfolgreiche Kooperation allerdings die praktische Ausgestaltung. Im Idealfall schaffen Kooperationen die Möglichkeit, in einem anregenden Informations- und Produktionsnetzwerk gebend und nehmend eingebunden zu sein, eigenständig zu bleiben, zugleich aber den Einfluß- und Aktionsradius zu erweitern, ohne sich dabei zu übernehmen.

4.2 Vier sehr grundsätzliche Fragen

Das Ziel klingt vernünftig, verlockend, vertrauenerweckend. Die Idee verspricht Erfolg - auf der Basis von Gegenseitigkeit, nicht als Konkurrenzkampf - ohne den Wettbewerb aufzuheben. Zuvor allerdings sind für jeden Einzelfall eine Reihe von grundsätzlichen Fragen zu klären und diverse Probleme zu lösen. Zum Beispiel:

(1) In welchem Bereich soll die Kooperation stattfinden:
- Forschung und Entwicklung - für künftige Innovationen? Logistik und Transport - für Just-in-Time-Lieferungen? Vertrieb - zum Erschließen zusätzlicher Absatzmärkte? Service - für mehr Kundennähe?

(2) Wer soll die Kooperation pflegen:
- Der Chef - mit dem Risiko, daß sie scheitert, sobald ihm der andere Chef (aus welchem Grund auch immer) nicht mehr sympathisch ist? Ein Abteilungsleiter oder der Geschäftsführer - mit der nicht ganz unrealistischen Folge, daß

mehr Kontrolle im eigenen Haus ausgeübt, als praktisches Wissen aus verschiedenen Quellen ausgetauscht und erweitert wird? Die unmittelbar an der Kooperation Beteiligten selbst - mit der Gefahr, daß der gesamte Prozeß deutlich weniger überschaubar, nicht ganz so rational und zielstrebig vonstatten geht?

Mehr Kontrolle als Austausch?

Nach aller Erfahrung birgt allein die dritte Alternative die Chance, daß die unverzichtbare Routine, das nicht zu fixierende, weil ständig aktualisierte Praxiswissen tatsächlich voll zum Tragen kommt.

(3) Wo sind die geeigneten Kooperationspartner zu finden:
- in Universitäten und Forschungsinstituten? im Kreis benachbarter, aber nicht direkt konkurrierender Betriebe? in der eigenen Branche, allerdings räumlich gebührend weit entfernt? im Unternehmen selbst, das mittlerweile aus vielen dezentralisierten Einheiten besteht?
- oder über die Kammern, die möglicherweise Auslandskontakte vermitteln? durch Steueroder Unternehmensberater? im Rahmen des Lieferanten- und Vertriebsnetzes? auf Messen, die man einerseits als selbstbewußter Aussteller, andererseits als interessierter Experte und interessanter Kunde besucht?

(4) Was soll mit der Kooperation überhaupt erreicht werden:
- gemeinsames Tragen eines schwer abzuwägenden Risikos? höhere Qualität? Senkung von Kosten? mehr Flexibilität? Ergänzen von Fachwissen oder regelrechte Qualifizierung? gesteigerte Innovationskraft?
- oder stärkere Präsenz auf dem Markt? Einstieg in internationale Zusammenhänge? schnellere Reaktionsfähigkeit? mehr Kundennähe zum

Vielschichtige Ziele

Abschätzen von Bedarf oder Erwartungen und beim Service? Zugang zu strategisch möglicherweise äußerst wichtigen Hintergrundinformationen? Präsentation der eigenen Potenz oder Überlebenssicherung für den Betrieb?

Möglich ist alles. Wer den Kooperationsbegriff in seiner Vielschichtigkeit, also systemisch versteht, wird feststellen, daß sämtliche Außenbeziehungen eines mittelständischen Unternehmens, aber auch sämtliche Schnittstellen all der neu entstandenen Ausgründungen, Profitcenter oder dezentralisierten Einheiten von Großunternehmen und Konzernen in Betracht kommen.

Wo immer Vorteile durch Zusammenarbeit zu erwarten sind, lohnt sich eine Prüfung. Am sinnvollsten ist sie als Begegnung der sogenannten betrieblichen Erfahrungsträger, als selbstorganisierter Prozeß zum Definieren der jeweiligen Situation, zum Aushandeln von gemeinsamen Zielen und zum Austausch des relevanten praktischen und innovationsträchtigen Wissens.

Ein selbstorganisierter Prozeß

4.3 Arbeitsteilung im Netz ...

Wichtig ist, daß strategische Überlegungen und konkrete Interaktionen sich ergänzen. Daß Kooperation im selbstbestimmten, von der Praxis geprägten Dialog gestaltet wird. Kooperation, die als Folge eines von oben verordneten Machtworts nur mehr oder weniger formvollendet stattfindet, bleibt ohne Konsequenzen. Und daß, nicht zuletzt, alle Beteiligten die Chance zum Lernen voneinander nutzen können. Immer deutlicher nämlich stellt sich die Fähigkeit (oder eben das Unvermögen), nach innen wie nach außen zu kooperieren, als ein

Dialog statt Machtwort

entscheidendes Element im internationalen Wettbewerb heraus.

Intelligente Produktion heute und erst recht jenseits der Jahrtausendwende ist schlicht unmöglich ohne die Fähigkeit zur Zusammenarbeit in Netzwerken. Ganz besondere Bedeutung hat hier mittlerweile das „Netz der Netze", Internet samt Umfeld, für erfolgreiche Kooperationen im Forschungs- und Entwicklungsbereich erlangt. Dabei ist nicht nur die „Trial and Error"-Methode nach Urgroßvaters Devise „...aus Schaden wird man klug!" abgelöst worden durch Computersimulationen und die Möglichkeiten der weltumspannenden Telekommunikation.

> Kommunikation weltumspannend

Gleichzeitig, d.h. nachdem sich mit den Prinzipien des Taylorismus die aktuellen Probleme nicht mehr lösen lassen, erweisen sich Kooperationen generell (und speziell solche im Netz) als die sinnvollste Art der Arbeitsteilung. Wobei sich wiederum, kaum anders als im Taylorismus, ein fundamentaler Streit darüber anbahnt, wem der Mehrwert zugute kommen wird. Anders formuliert: mit welchen Beträgen diejenigen „freien" Mitarbeiterinnen und Mitarbeiter abgefunden werden, deren geistiges Eigentum dank digitaler Zugriffsmöglichkeit als Ganzes oder in kleinsten Portionen zur weltweiten Ausbeutung angeboten wird.

Arbeitsteilung im Dienst der Innovation oder „innovative Arbeitsteilung" führt gleichzeitig zu neuen Synthesen. Stichwort: Technologiefusion. Etwa als Mechatronik oder Optoelektronik. Durch eine große Vielfalt kooperativer Prozesse ist es beispielsweise gelungen, technische Verbesserungen in früher getrennten Technikfeldern stufenweise so selbstverständlich zu verbinden, daß heute die Möglichkeit, per Glasfaser Millionen von optischen Informations- bzw. Steuerungssignalen in

> Innovative Arbeitsteilung

Blitzesschnelle gleichzeitig zu übertragen, nur noch gelegentlich begeistertes Staunen auslöst.

4.4 ... und unschätzbare Tauschwerte

Der schillernde Begriff Kooperation kann statt Arbeitsteilung auch Tausch bedeuten - insbesondere, wenn es sich um schwer beschreibbare und ebenso ungenau zu bewertende „Güter" handelt. Da werden Marktkenntnisse gegen Managementerfahrung getauscht, Marketing- gegen Produktionskapazität, Know-how bei der Rekrutierung bestimmter Mitarbeiter gegen Know-how beim Anzapfen spezieller Informations- oder Bezugsquellen - und allenfalls die Beteiligten selbst können den jeweiligen Wert ermessen. Er läßt sich weder in *Euros* noch in Dollar- oder Yen-Beträgen ausdrücken, sondern nur im nachhinein ablesen an der Dauer oder Intensität der Kooperation - und an der Stimmung aller Beteiligten.

Schwierige Bewertung

Zweifellos gibt es in derart vagen Situationen Befürchtungen und Vorbehalte. „Geben wir etwa mehr, als wir bekommen?" „Sollten wir diese oder jene Spezialkenntnisse nicht besser für uns behalten?" Der komplexe Zusammenhang ist als *Prisoner's Dilemma* bekannt: Dem Risiko, die eigenen Informationen völlig offenzulegen, auch in der Gewißheit, genau das vom Kooperationspartner nicht einfordern zu können, steht das Risiko gegenüber, durch Verschweigen eines Details das ganze Projekt zu lähmen oder zum Scheitern zu bringen und sich damit selbst zu schaden. Hat sich andererseits eine Kooperation samt erfreulichen Ergebnissen erst einmal etabliert, gewinnt sie

Vom Dilemma zur positiven Eigendynamik

meist eine Eigendynamik, die mögliches Schummeln in Erwartung weiterer Erfolge verhindert. Mindestens ebenso wichtig sind auf lange Sicht die sogenannten Reputationseffekte: Ist der Ruf erst ruiniert, lebt das als unkooperativ geoutete Unternehmen zwar möglicherweise völlig ungeniert, allerdings mit Sicherheit ohne all jene strategisch wertvollen Beziehungen, die in Kooperationsnetzen zum künftigen Vorteil geknüpft werden.

Nicht zuletzt schärfen sich mit der Dauer der Kontakte quasi naturwüchsig der Blick für potentielle Partner und die Wahrnehmungsfähigkeit für weitere Kooperationsmöglichkeiten. Es wächst nicht nur das wechselseitige Verständnis, sondern oft auch ganz unverhofft ein Problemlösungswissen, das sich ohne Kooperation so nie hätte entwickeln können.

Problemlösungswissen wächst

Das für Unternehmen in Deutschland sehr bedenkenswerte Ergebnis einer international vergleichenden Studie führt *Stephan Schader* in einer Expertise an. Es besagt, daß deutsche Manager informell auf Anfrage zwar häufiger Informationen an Kollegen in anderen Betrieben weitergeben als amerikanische, daß sie aber für den Empfänger besonders relevante Details eher zurückhalten. Auch wenn die Information für den Gebenden vergleichsweise unbedeutend ist, und auch wenn die jeweiligen Unternehmen nicht unmittelbar konkurrieren.

Könnte es sein, daß man in vielen deutschen Führungsetagen einen der wichtigsten Bausteine zum Errichten kooperativer Beziehungen bislang völlig verkennt? In den USA jedenfalls wird die Kunst geradezu gepflegt, die Empfänger informeller Informationen durch die Qualität und Bedeutung des Gebotenen zu verpflichten. Meist dauert es nicht lang, bis im Gegenzug ebenfalls inhaltlich

Einer der wichtigsten Bausteine

Hochwertiges erwartet werden darf. Denkbar ist es ja, und sehr zu hoffen, daß zumindest auf der Ebene der bundesdeutschen Praxis, also unterhalb des befragten Top-Managements, bereits zunehmend nach dem „Geheimrezept" gehandelt wird. Noch jedenfalls ist festzustellen, daß Kooperationen häufig faktisch scheitern, obwohl sie strategisch sinnvoll sind. Den Grund glauben wissenschaftliche Beobachter ausgemacht zu haben: zu wenig Beachtung „verhaltensorientierter Aspekte" auf den oberen Führungsebenen.

·KUNSTSTÜCK·

In den USA wird der Befund positiv formuliert: Die Kooperationserfolge seien in erster Linie zurückzuführen auf das tägliche Engagement ungezählter, nie gerühmter mittlerer Führungskräfte.

4.5 Kooperatives Innenleben

Zurück zur rhetorisch-provokativen Eingangsfrage „Zuhausebleiben oder Geldverdienen?" In beiden Fällen gibt es zu Kooperation keine Alternative. Unterschiedlich sind nur die Art der Ausgestaltung, die Schwerpunkte, der jeweilige praktische Ansatz. Wer auf die Möglichkeit, im Ausland jene großen, das gesamte Unternehmen sanierenden Investitionen zu tätigen, keinen weiteren Gedanken verschwenden will, für den ist ohne Zweifel neben dem Aufbau nützlicher fachlich-kollegialer Außenbeziehungen die Kooperation im Innenverhältnis das Wesentliche.

Das zeigt etwa das Beispiel der Firma *Seppelfrikke Haus- und Küchentechnik* mit ihrem Motto „Betroffene zu Beteiligten machen". Angesprochen werden mit dieser Firmenphilosophie sowohl die Beschäftigten und Zulieferer als auch die Kundschaft en gros und en détail. Wobei die proklamierte Nähe zu den Menschen sich sehr ausdrücklich auf „die ganze Region" bezieht. Ein überraschender, aber keineswegs abwegiger Gedanke - gerade weil auf der allgemeinen Suche nach Zukunftsperspektiven für die deutsche Industrie der Globalisierungsansatz so stark dominiert.

<small>Betroffene werden Beteiligte</small>

Wenn mit Blick auf die fortgeschrittene Umweltzerstörung abzusehen und dringend zu hoffen ist, daß sich Transport und Verkehr spürbar verteuern, dann hat eine strategische Tendenz zur Re-Regionalisierung von Produktion und Marktbeziehungen durchaus ihre Berechtigung. Unrealistisch wäre allerdings die Erwartung, daß sich die gesamte Produktpalette eines solchen Unternehmens Jahr für Jahr allein in der jeweiligen Region absetzen läßt. Die Idee hingegen, Freizeit, Wohnen und inzwischen wieder hochgeschätzte Arbeitsplätze stärker zusammenzuführen, wird in Kapitel 8 unter anderen Voraussetzungen noch einmal vorgestellt.

In der prozeßorientierten Fertigung gehören kooperierende Produktionsbereiche zu den Selbstverständlichkeiten. Eigenverantwortung z.B. bei der Qualitätskontrolle, Selbststeuerung von Arbeitsabläufen und gruppeninterne Absprachen bezüglich der Arbeitszeiten sind letztlich nichts als Einzelbausteine der Kooperation.

<small>Einzelbausteine der Kooperation</small>

Motivierend nach innen und sympathie-, also absatzfördernd nach außen wirkt beim „Pionierbetrieb" *Seppelfricke* das betriebsintern gemeinsam erarbeitete und gleichzeitig auf den drei Ebenen Menschen - Organisation - Produktion entwickelte „KIM"-System: Kundschaft im Mittelpunkt, Kollegen im Mittelpunkt, Kapital im Mittelpunkt, Kontinuierliche Verbesserung im Mittelpunkt, Kompetenz im Mittelpunkt, Kommunikation im Mittelpunkt - kurz: Im Mittelpunkt steht die Kooperation.

Ein Erfolgsgeheimnis: CIM braucht KIM

Das Geheimnis des KIM-Erfolgs jenseits aller computergestützen CIM-Vorteile: Orientierung an den Kundenerwartungen, eine Ideenoffensive der Führungsmannschaft und vor allem das Herausfordern und Fördern von ebenso kreativen wie praxisnahen Fähigkeiten der gesamten Belegschaft. Mit dieser Kombination ist es innerhalb eines intensiven, bereits relativ kurzfristig wirksamen aber natürlich keineswegs abgeschlossenen gemeinsamen Lernprozesses gelungen, „Flexibilität in die Köpfe" zu bringen.

Entscheidend dafür, daß der „Neue Schwung in alten Hallen" auch anhält, sind laut Betriebsleiter *Horst Heinen* nicht zuletzt Credo I: *„Mündige Mitarbeiter müssen auch aufmüpfen dürfen!"* und Credo II: *„Kooperation basiert auf Glaubwürdigkeit: Ziele, die gemeinsam definiert wurden, müssen auch tatsächlich angesteuert und realisiert werden."*

Intelligente Produktion mit Innovationskraft setzt die Fähigkeit zur Kooperation und zum Arbeiten in Netzwerken voraus. Aber wo und vor allem wie läßt sich diese Fähigkeit erwerben, stärken und weiter perfektionieren?

Die Rolle der betrieblichen Führungskräfte und die Anforderungen plus Chancen für die Belegschaften in diesem Zusammenhang sind Thema des folgenden 5. Kapitels.

Mehr oder weniger gelungene Kooperation prägt die täglichen Wechselbeziehungen zwischen Zulieferern, Herstellern und Abnehmern. Nicht weniger wichtig ist es freilich, bereits in den Phasen vor der eigentlichen Produktion, also beim Generieren von Know-how, das traditionelle „Mauerdenken" zu überwinden.

Traditionelles Mauerdenken überwinden

Wer kann es sich schon leisten, all jene Vorteile nicht zu nutzen, die sich fast naturwüchsig einstellen, wenn ressort- und betriebsübergreifend gedacht werden darf, wenn auch zwischen vermeintlich harten Konkurrenten das Gespräch gesucht wird, wenn Praktiker und Wissenschaftler, Ingenieure und Facharbeiter geduldig miteinander kommunizieren, wenn Sprachbarrieren gezielt abgebaut werden, damit ein Austausch über Unternehmens- und Ländergrenzen hinweg stattfinden kann? Die Kunst besteht darin, die geeigneten Orte für kreative Begegnungen zu finden oder neu zu schaffen.

Natürlich werden dank Kooperation nicht nur Risiken vermindert - es können durchaus auch neue Risiken für den Betrieb entstehen. Urteilsvermögen ist also unerläßlich. Was verursacht langfristig den größeren Schaden? Welche Risiken eröffnen neue Chancen? Ließe sich das Risiko mit anderen Partnern verringern? Noch ist sie ungewohnt, doch die Vorstellung wird sich durchsetzen, daß horizontale und vertikale innerbetriebliche wie Außenbeziehungen von Unternehmen mehr sind als gebändigte Interessenkonflikte, nämlich ein Weg, wie sich - bei aller Eigenständigkeit - Interessen gemeinsam verfolgen lassen.

Gemeinsam und doch eigenständig

4.6 Elemente weltweiter Kooperation

Als „Beginn einer neuen Partnerschaft" wurde im Frühling 1996 die Tatsache gefeiert, daß sich in Bangkok die 15 Staats- und Regierungschefs der EU-Staaten mit zehn Kollegen aus dem fernen Osten zu ihrem ersten Asien-Europa-Gipfeltreffen zusammenfanden. „Die Blütezeiten des Bilateralismus gehören der Vergangenheit an," hieß es da. Die aufwendigen, dennoch oft ineffizienten Wirtschaftsverträge und -beziehungen zwischen nur zwei Ländern kämen aus der Mode, eine Zusammenarbeit mit regionaler Perspektive sei weit rationeller. Und noch eine Erkenntnis: Asien ist mehr als Japan und China plus ASEAN, das Bündnis der „südostasiatischen Tigerstaaten" mit ihren attraktiven wirtschaftlichen Wachstumsraten.

Bilateralismus ist passé

Industriebetriebe können aus dieser Begegnung einiges für die eigenen Zwecke ableiten und übernehmen. Nichts natürlich, was die direkte Zusammensetzung der Delegation betrifft. Kooperation bleibt auf die Dauer durchaus keine exclusive Chefsache. Gutes Beispiel für neue Formen der Zusammenarbeit und des voneinander Lernens jedoch ist die Absicht, durch Maßnahmen, die über unmittelbare wirtschaftliche Vorteile hinausgehen, das wechselseitige Kennenlernen zu erleichtern und zu vertiefen. Bildungskontakte, Austauschprogramme, gemeinsame Forschungsvorhaben - derartige Vorstufen langfristiger Erfolge einer Kooperation sollten und können auch von Betrieben (durchaus mit staatlicher Förderung) in die Wege geleitet und betrieben werden.

Unübersehbare Sorge

Im Hintergrund des „Bangkok-Gipfels" stand unübersehbar die Sorge, angesichts der bekannt niedrigen Lohnkosten für hochqualifizierte Arbeit in den asiatischen Staaten könne Kooperation und die Globalisierung der Märkte nichts als den Verlust von mehr und mehr Arbeitsplätzen in Europa bedeuten. Unberechtigt ist diese Sorge nicht. Mehr als berechtigt ist sie allerdings vor allem deshalb, weil man sich in vielen deutschen und anderen europäischen Unternehmen noch kaum die Mühe macht, die Herausforderungen der asiatischen Märkte überhaupt zu analysieren, geschweige denn, sich auf die im Gegenzug für Europas Wirtschaft bereits erkennbaren Chancen angemessen vorzubereiten und die Vorteile zu nutzen.

Der wahre Grund für berechtigte Befürchtungen

Bezeichnend in mehrfacher Hinsicht ist, was ein deutscher Ingenieur in leitender Position bei einer japanischen Firma erzählt: Das fachlich begründete Selbstbewußtsein in den sogenannten Schwellenländern sei mittlerweile so gestiegen, daß Repräsentanten japanischer oder deutscher Unternehmen nicht mehr von den höchsten Führungskräften der jeweiligen Firma „mit leuchtenden Augen" empfangen würden, sondern bei ihren Verhandlungen mit Fachleuten der Ebene darunter vorliebzunehmen hätten. In der Sicht mancher seiner Gesprächspartner sei offensichtlich Deutschland mittlerweile „auf dem Produktionssektor zu einem Dritt-Welt-Land geworden".

Alarmierendes Image als „Dritt-Welt-Land"

Künftig stellt es sich ja vermutlich sogar als positiv heraus, wenn in den bisherigen großen Industrienationen dieser gewisse Dünkel der Erfolgreichen und Besserwisser etwas abblättert und der Bereitschaft Platz macht, tatsächlich von und mit Kooperationspartnern zu lernen. Das wäre der Anfang eines neuen, ganz und gar nicht minderwertigen Status auf den noch weitgehend unstrukturierten globalisierten Märkten.

Globalisierung ist nach einer Definition der OECD, der Organisation für wirtschaftliche Zusammenarbeit und Entwicklung, „*ein Prozeß, durch den Märkte und Produktion in verschiedenen Ländern immer stärker voneinander abhängig werden - dank der Dynamik des Handels mit Gütern und Dienstleistungen und durch die Bewegung von Kapital, Technik und Technologie.*"

Nach halbfertigen Produkten und hochwertigen Markenartikeln, nach Bauplänen, Werkzeugen, kompletten Fertigungsanlagen, Experten und Entwicklungshelfern unterschiedlichster Art gehen nun, unter den aktuellen, erweiterten Marktbedingungen, von Deutschland aus auch wertvolle Arbeitsplätze und zentrale Bereiche ganzer Unternehmen in alle Welt. Die Regeln des Kapitalismus, der siegreichen Marktwirtschaft lassen kaum etwas anderes zu. Mit der Bewältigung der Folgen tun sich Fachkräfte hierzulande natürlich wesentlich schwerer als diejenigen in Indien, Südkorea oder Malaysia.

Nach den Regeln des „siegreichen" Kapitalismus

4.7 Zwischen Vorwurf, Forderungen und Vorteilen

„Einen Trend, den man nicht verhindern kann, muß man gestalten." Manager, die nach dieser dynamischen Devise zu handeln versuchen, sehen sich bei aller Vielfalt der Möglichkeiten dennoch häufig ein und demselben Vorwurf ausgesetzt, nämlich: Sie ruinierten die deutsche Wirtschaft. *Günther Sendlinger*, Vorstandsmitglied der Nürnberger Firma *Leonische Drahtwerke AG*, verwahrt sich entschieden dagegen. Er rechnet nicht in verschwundenen Arbeitsplätzen, sondern in gewahrten Existenzen und kommt zu dem Ergebnis, ohne die Verlagerung von rund drei Viertel der Fertigung in die Slowakei seit 1990 „*wären wir hierzulande*

Rechnen in geretteten Existenzen

nicht mehr wettbewerbsfähig und weg vom Fenster gewesen - und damit sämtliche 2.100 Arbeitsplätze auch..." Bislang konnten zumindest 400 in Deutschland gesichert werden.

Und er rechnet weiter: Investitionen in lohnkostenmäßig weniger hochentwickelten Ländern ermöglichen es den Menschen dort, durch (deutschen Standards entsprechende) Arbeit zu einem gewissen Wohlstand zu kommen, also u.a. auch hochwertige Ware aus Deutschland zu kaufen.

Ähnlich kalkuliert und argumentiert die Deutsche Bundesbank in ihrem Monatsbericht März 1996: *„Direktinvestitionen im Ausland erhalten Arbeitsplätze in den vom Export abhängigen deutschen Unternehmen."* Der Blick durch die sozusagen betriebs-kurzsichtige oder schwarz-rot-gold getönte Brille taugt einfach nicht zur Beurteilung der Zusammenhänge in einem weltweiten Transformationsprozeß.

Keine schwarz-rot-gold getönte Brille

Selbstbewußt kann sich da *Hans Klingel* äußern. Wenn Krisenforscher mahnen, das bundesdeutsche „Globalisierungsdefizit" müsse dringend abgebaut werden, fühlt sich der Entwicklungschef und Mitgeschäftsführer der Werkzeugmaschinenbaufirma *Trumpf GmbH & Co.* in Ditzingen nicht angesprochen. Seit 1963 hat sich der 1923 gegründete Betrieb mit 17 Niederlassungen in 14 Ländern zum vermutlich am stärksten international organisierten Unternehmen seiner Branche entwickelt. Bereits 1969 wurde in Farmington/USA die Präsenz mit einem Tochterunternehmen für Vertrieb und Service verankert, dann Mitte der 70er Jahre durch eine Entwicklungs- und Produktionsstätte auf der grünen Wiese erweitert. Seit 1977 wird in Yokohama/Japan neben Vertrieb und Service auch pro-

Internationales Produktionsnetz seit 30 Jahren

duziert - desgleichen, zum Teil seit noch längerer Zeit, in der Schweiz und in Großbritannien, in Brasilien, Frankreich und Österreich. Insgesamt ist nahezu jede/r dritte Beschäftigte nicht in Deutschland tätig; allein in den USA arbeitet rund ein Viertel aller Auslandsbeschäftigten.

Produktbezogene Gesichtspunkte haben bei der Internationalisierung keine wesentliche Rolle gespielt. Die Voraussetzungen und unternehmerischen Ziele in den verschiedenen Ländern sind ebenso vielfältig wie aufschlußreich:

- Nicht allein die Größe des nordamerikanischen Marktes und der Wunsch, marktnahe Entwicklung zu betreiben, nicht nur die Ungewißheiten der Wechselkursentwicklungen und der Ehrgeiz, als amerikanischer Hersteller anerkannt zu werden, haben - so gesteht *Hans Klingel* - zur frühen Entscheidung zugunsten dieses zweiten eigenständigen Standbeins geführt. *„Es waren durchaus auch subjektive Gründe: Die Wertschätzung der amerikanischen Industriekultur, die selbst erlebte Kommunikationsoffenheit, die Dynamik - kurz: die Hochachtung der entscheidenden Männer im Betrieb vor der innovativen Stärke des amerikanischen Werkzeugmaschinenbaus (einschließlich NC-Steuerung, Laser oder Roboter) haben eine entscheidende Rolle gespielt."*

- Obwohl die Firma Trumpf in Japan, der „Höhle des Löwen" seiner schärfsten Konkurrenten, seit über einem Jahrzehnt erfolgreich und selbstbewußt die Rolle eines „Flaggschiffunternehmens der deutschen Werkzeugmaschinenindustrie" spielt, gelten unternehmensintern die dortige Produktion, Markt- und Kundennähe nicht als allein ausschlaggebend.

Auch subjektive Gründe zählen

Es geht außerdem um die Nutzung des lokalen Know-hows, um die Beobachtung der Konkurrenz und ein systematisches, bewußtes „Sich-Messen" mit ihr.

- Günstige Steuerkonditionen und, im Vergleich zu Deutschland, Vorteile bei Einsatz und Entgelt der Arbeitskräfte brachten Trumpf schon sehr früh in die Schweiz. Längst gilt letzteres nicht mehr, doch Liefertreue und konsistent gute Qualität spielen nach wie vor eine entscheidende Rolle.

- Übrigens waren es Mängel bei genau diesen Kriterien, die bisher alle Versuche zum Scheitern brachten, die Produktion in die Tschechische Republik oder andere Billiglohnländer zu verlagern.

- Die Möglichkeit in Brasilien und Frankreich, durch die Erhöhung „lokaler Anteile" die jeweiligen protektionistischen Ansätze mit „politischer Rücksichtnahme" zu unterlaufen, verschaffte die nötigen Freiheitsgrade auf diesen Absatzmärkten.

- Kooperationen, Joint Ventures, Allianzen und Akquisitionen in Österreich und Deutschland haben im Lauf vieler Jahre häufig die ursprünglichen Erwartungen nicht erfüllt, dafür aber andere positive Entwicklungen befördert.

    Kompensierte Enttäuschungen

- Für den südostasiatisch-pazifischen Raum soll im Rahmen einer sich erweiternden Globalisierungsstruktur der nächste Produktionsschwerpunkt möglicherweise in Singapur entstehen. Anvisierter Marktanteil in der Region: mindestens 20 Prozent.

Wer *Hans Klingel* nach den positiven Effekten dank Globalisierung einschließlich Personalaustausch fragt, kann viele Antworten bekommen. Nur zwei sollen hier auftauchen:

- „Horizonterweiterung" - natürlich zum individuellen Nutzen, darüber hinaus aber auch zum Nutzen des Unternehmens, das kommunikationsfreudige, zu Markt- und Kundenorientierung fähige und für zukunftsweisende Impulse empfängliche Mitarbeiter und Mitarbeiterinnen gewinnt.
- „Freiräume für Querdenker" und für die Entwicklung innovativer Konzepte, die sonst keine Chance hätten - also neben Lebens- und Arbeitsqualität für die Kreativen ein Gewinn sowohl für die Organisation, als auch für die Unternehmenskultur.

Freiräume für Querdenker

Gerade wenn Unternehmen sich nicht notgedrungen, nicht als Flucht aus bedrohlichen Existenzbedingungen in Deutschland zu weltweiten Investitionen und globalem Engagement veranlaßt sehen, wenn sie sich also weniger „getrieben" als vielmehr von neuen Chancen „gezogen" fühlen, sollte eine Überlegung sie beschäftigen. *Hans Klingel* hat sie als Frage formuliert: *„Inwieweit führt Internationalisierung in den Stammhäusern zu einer Aushöhlung von Kompetenzen und ökonomischer Handlungsfähigkeit - mit der Folge, daß sich im Unternehmensverbund ein anderer Schwerpunkt außerhalb Deutschlands herausbildet oder der Gesamtverbund letztlich durch Fragmentierung und Kompetenzverlust geschwächt wird? Diese „Hollowing Out"-Diskussion muß in der Tat geführt werden."* Nicht nur Manager, Bildungs- und Wirtschafspolitiker sollten sich daran beteiligen, sondern die ganze Gesellschaft.

Kompetenzverluste und Aushöhlungseffekte

Herausforderungen nach der Schlankheitskur: Führungskräfte als Dienstleister - Belegschaften als Mitgestalter

*Hofnarren sind
die Lebensversicherung eines Unternehmens.
Sie produzieren Turbulenzen und Widersprüche.
Konflikte aber bergen ein kreatives Potential,
dessen Nichtabschöpfung
sich eine hochtechnologisierte Industrie
nicht leisten kann.*
HANS KLINGEL,
Geschäftsführer Entwicklung, Trumpf GmbH & Co.

Die Revolution hatte schon viele Namen: Business Reengineering, Lean Production, Fraktale Fabrik, Total Quality Management, Dezentralisiertes Unternehmen, Telekooperation, Virtuelle Fabriken... Das im günstigsten Fall bislang erreichte Ergebnis: ein „schlankes" aber streßanfälliges, reaktionsschnelles aber pflegebedürftiges, flexibles, auf Zusammenarbeit angelegtes aber zunehmend „eigensinniges" Unternehmen.

Von den neuen Strukturen versprechen sich Betriebsinhaber, Aktionäre und Manager immer wieder vor allem eines: geringere Personalkosten oder mehr Effizienz und damit internationale Wettbewerbsfähigkeit. Auch den Belegschaften geht es darum, konkurrenzfähig zu bleiben oder zu werden - dahinter steht ihr legitimes Interesse, die eigenen Arbeitsplätze zu sichern. Damit sich das Ziel zu beider Zufriedenheit tatsächlich erreichen läßt, ist also einiges an Koordinierungs- und Motivierungskunst gefragt.

Dank digitaler Technik und globaler Vernetzung heißt die Devise immer häufiger: *„Alles ist möglich."* Das versteht man in den Betrieben - je nach Umfeld und bisherigen Erfahrungen - als Ansporn, als vage Chance, leichte Verunsicherung oder massive Bedrohung.

Von allen Fachleuten auf allen nach den diversen „Schlankheitskuren" verbliebenen Führungsebenen wird erwartet, daß sie diese Devise mit einer positiven Grundstimmung weitervermitteln. Verbinden sollen sie die Botschaft mit der Vision von mehr Selbständigkeit, mehr Eigenverantwortung auch derjenigen, die bisher nur Weisungen zu befolgen hatten, von der Notwendigkeit und den Freuden lebenslangen Lernens - nicht zuletzt am Arbeitsplatz. Auch wenn nahezu überall sich die Zahl der Produktionsarbeitsplätze in einer dramatischen Spirale abwärts befindet und auch ein sich erholender Markt kaum neue Arbeitsplätze schafft. Auch wenn sie selbst, als Führungskräfte, vor Jahren nicht nur *in* völlig anderen, sondern auch *für* ganz andere Strukturen sozialisiert wurden: mit geradlinigen Perspektiven auf planmäßigen Aufstieg innerhalb festgefügter Hierarchien.

Davon ist keine Rede mehr, doch es besteht kein Zweifel: Ohne den speziellen Mut zum Abenteuer „Umdenken" lassen sich Unternehmen nicht länger auf Erfolgskurs halten, geschweige denn revolutionieren. Das muß so manchen sturmerprobten Wirtschaftskapitän irritieren.

Schillernde Devise

„Umdenken" als Abenteuer

5.1 Drei „weibliche K" prägen das neue Management

„Frauen sind die besseren Führungskräfte," behauptet in diesem Zusammenhang *Monique R. Siegel*, und die international gefragte Unternehmensberaterin kann es belegen. Der Nachweis fällt ihr sogar immer leichter, seit Betriebe in der Krise ihre durch Dezentralisierung und Globalisierung verursachten Probleme mit den traditionellen Werkzeugen erfolgreicher Führungskunst nur äußerst unzureichend in den Griff bekommen. In turbulenztüchtigen Unternehmen sind die drei „männlichen K" bereits ausgemustert oder eindeutig auf dem Rückzug: Kommandieren, Kontrollieren und Korrigieren.

Die Zukunft gehört (natürlich neben dem unstrittigen K für Kompetenz) definitiv einer Dreier-Kombination aus Fähigkeiten und Orientierungen, die bis vor wenigen Jahren unter Topkräften noch als „typisch Frau" belächelt, als Geschwätzigkeit, Mangel an Zielstrebigkeit oder Willensschwäche diskreditiert wurden. Die Rede ist von jenen drei K, die seither in zahllosen Führungskräfteseminaren von den Herren der Schöpfung trainiert werden müssen. Es geht um Kommunikationsfähigkeit, Kreativität und die Bereitschaft zur Konsensbildung.

Belächelt -
diskreditiert -
hoch gepriesen

KLEINES KALEIDOSKOP DER FÜHRUNGSKUNST IM WANDEL

wohletabliert, aber kaum noch wirksam:	erfolgsträchtig, jedoch kaum etabliert:
Kommandieren	Kommunikation
Korrigieren	Kreativität
Kontrollieren	Konsens

Bezeichnend ist darüber hinaus, daß seit einiger Zeit von professionellen Headhuntern und einer wachsenden Zahl von Personalchefs neben dem traditionellen Intelligenzquotienten/IQ auch sein „emotionales" Pendant, der sogenannte EQ als Beurteilungsmaßstab herangezogen wird. Dabei geht es nicht etwa um möglichst effizienten Einsatz der Tränendrüsen, sondern um die Fähigkeit, mit den eigenen (durchaus widersprüchlichen) Gefühlen umzugehen, aber auch anderer Leute Gefühle zur Kenntnis zu nehmen und zu respektieren. Sozialkompetenz ist ein anderer, geläufigerer und noch weit umfassenderer Begriff in diesem Zusammenhang.

Sozialkompetenz und mentale Fitness

„Mentale Fitness" ist der dritte. Damit wird jene problembewußte und doch zuversichtliche Grundeinstellung bezeichnet, die es erst möglich macht, individuelles Können und Wissen zum Lösen der anstehenden Fragen und Aufgaben tatsächlich zu nutzen. Was in Deutschland noch fehlt, ist das ansteckend gute Beispiel vieler erfolgreicher Manager, die sich nicht an andernorts proklamierte Patentrezepte klammern, sondern wie *Hans Klingel* ebenso pragmatisch wie EQ-bewußt behaupten können: *„In dem Geschäft, von dem ich etwas verstehe, fallen rund 50 Prozent der Entscheidungen bei mir im Bauch..."*

5.2 Individuelle Turbulenzfähigkeit und Lust auf Leistung

Turbulenzfähigkeit für Unternehmen gilt als eines der großen aktuellen Ziele. Im weltweiten Wettbewerb um Spitzenreiterpositionen und Marktpräsenz aufgrund immer rasanterer Innovationszyklen erweist es sich täglich, daß die eben noch als verbindlich akzeptierten Normen plötzlich nicht mehr gelten. Derartige Verunsicherung durch zwangsweises Entwerten des Bestehenden, oft zugunsten eines zweifelhaften Wachstums, läßt sich nur bewältigen mit *individueller Turbulenzfähigkeit* aller im Unternehmen Beschäftigten. Zugespitzt gesagt, mit ihrer Bereitschaft, sich zu verändern - bei aller Entschlossenheit, sich nicht selbst aufzugeben.

Sich verändern ohne sich aufzugeben

Individuelle Turbulenzfähigkeit ist keine naturwüchsige Mitarbeiterqualität. Im Gegenteil: Diese zukunftssichernde Kompetenz entwickelt sich nur, wenn sie von den Unternehmensleitungen gewollt, von Vorgesetzten auf sämtlichen Ebenen ermutigt, gefördert und gefordert wird, und wenn sie von allen Beschäftigten in den unterschiedlichsten Arbeitszusammenhängen geübt werden darf. Angstfrei, ohne Androhung individueller Nachteile, denn es wird sicher nicht schon im nächsten Augenblick meßbare Erfolge geben. In turbulenzfähigen Unternehmen weiß man, wie entscheidend es ist, daß in diesem Kontext Vorgesetzte als „Dienstleister der Belegschaft" agieren und darauf verzichten, im traditionellen Stil den Lorbeer für die Leistungen ihrer Untergebenen einzuheimsen.

„Platzhirsch-Denken ist in modernen Unternehmen nichts als hinderlich," befindet Management-Trainerin *Monique R. Siegel* und präzisiert im gleichen Atemzug: „Es geht darum, Verantwortung zu teilen." Also geht es, so ist hinzuzufügen, im ersten Schritt darum, die Lust und die Fähigkeiten aller so zu stärken, daß sie Verantwortung übernehmen können und wollen. Das folgende schlichte Quadrat mit seinen Beziehungspfeilen kann sich gar nicht fest genug in den Köpfen und Herzen verankern: Im Interesse der motivierenden Führungskräfte wie der engagierten Teams geht es in erster Linie darum, Sinn und individuelle Vortei-

Service-Bewußtsein statt Platzhirsch-Denken

le der Neuerungen zu erkennen. Andererseits sollten die endlosen Wechselbeziehungen zwischen Sollen, Können, Dürfen und Wollen klarwerden.

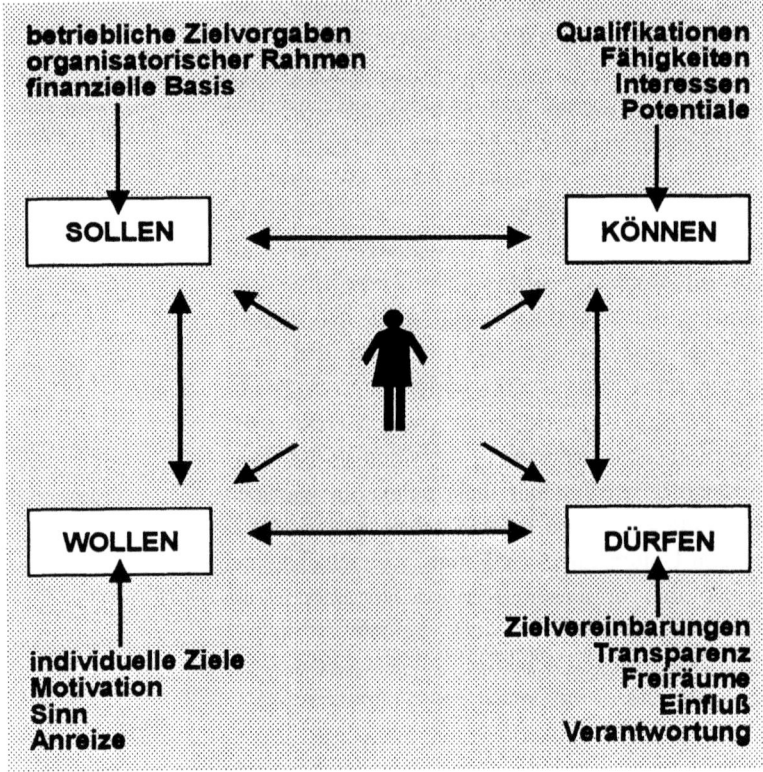

ABB. 5.1: MITARBEITERKOMPETENZEN IM SPANNUNGSFELD

Das bedeutet konkret: Unternehmerischer Erfolg beruht vor allem darauf, daß bei der betrieblichen Zusammenarbeit ein Gleichgewicht hergestellt und gewahrt wird, bei dem die Erwartungen und Fähigkeiten, Gestaltungsräume und Interessen aller berücksichtigt und gestärkt werden.

Immer wieder zeigt es sich, daß die entscheidende Herausforderung darin liegt, einen motivierenden Spannungsbogen zwischen Anforderungen und Können, Streß und Sicherheit herzustellen. Ansporn statt Angst vor dem Unbekannten, aber auch (als extremes Gegenteil) statt Langeweile beim allzu Geläufigen. Ausbalancieren der Unwägbarkeiten zu jenem bei aller Anstrengung befriedigenden Gefühl, die Situation, die Aufgabe zu beherrschen.

Der motivierende Spannungsbogen

Das Geheimnis der Motivationskunst kennen Evolutionsbiologen und Erziehungswissenschaftler wie *Felix von Cube* genauso gut wie die Eltern aufgeweckter Kleinkinder: Es zählt nicht erst das Endergebnis, entscheidend sind die vielen kleinen Erfolgserlebnisse auf dem Weg zum Ziel - diese Erfahrungen machen Mut und Lust auf noch mehr Leistung.

Ein weit verbreitetes Manko, ein gewichtiger Störfaktor dieses angestrebten Gleichgewichts im betrieblichen Alltag ist die Tatsache, daß in vielen Fällen die Mitarbeiterinnen und Mitarbeiter im mehr oder minder rasanten Tanz der Konzepte und Strategien mittun müssen, ohne über Informationen und sinnstiftende Begründungen zu verfügen, ohne über Konsequenzen, Hintergründe oder Alternativen Bescheid zu wissen.

Den gewichtigsten Störfaktor ausschalten

Doch es gibt bereits gelungene Beispiele dafür, wie dieses Manko zu überwinden ist. Die Programme heißen etwa KOMET bei *Kautex,* TOP bei *Siemens* oder KIM bei *Seppelfricke*. Stellvertretend seien hier in aller Kürze die acht „Spielregeln für unser Verhalten im Umgang miteinander" vorgestellt, die bei der Firma *Carl Schenck AG* im Zusammenhang mit den bereits Anfang der 90er Jahre entwickelten „Neuen Formen der Zusammenarbeit/NFZ" und dem darauf basierenden KICK-Programm formuliert und kommentiert wurden.

1. Der Kunde ist König

Sieht jeder Mitarbeiter mit den Augen des Kunden und denkt er mit dessen Kopf, entsteht ein völlig neues Verantwortungsbewußtsein. Aber nur wenn jeder Mitarbeiter auch im Kollegen seinen 'Kunden' sieht, und wenn der Vorgesetzte im Mitarbeiter den 'Kunden' sieht, entsteht eine neue Unternehmenskultur.

Denken mit dem Kopf des Kunden

2. Abbau des Hierarchiedenkens

Noch viel zu oft kommt es vor, daß 'Höherstehende' die 'Untergebenen' lähmen. Unglaublich, wie viele gute Ideen in einem Unternehmen vor Ehrfurcht sterben!

3. Abschied vom Abteilungsdenken

In der Gruppe kommen wir weiter. Mit Teamarbeit von Planung bis Ausführung - über die Abteilungsgrenzen hinweg. Die besten Kräfte gemeinsam ins Rennen schicken - durch eine Zusammenarbeit, die nicht verordnet werden kann und darf. Jeder muß sie wollen und gestalten.

4. Vorurteilsfreier Umgang miteinander

Wer anderen zuwenig zutraut, wird wenig Vertrauen erringen. KICK will, daß wir uns stärker motivieren und weniger kontrollieren. Die Entdeckung dabei: Es steckt mehr in uns allen, als wir geglaubt haben! Mehr Kreativität und mehr Leistung.

5. Vertrauensvolle Zusammenarbeit

Weg vom Dinosaurierstandpunkt

Das Gegenteil also von Mißtrauen, Kontrolle, Egoismus oder dem Saurier-Standpunkt, der Größte zu sein. Vertrauen und Zutrauen entwickeln sich dann, wenn Mitarbeiter nicht von Entscheidungen überrascht, sondern rechtzeitig eingebunden werden.

6. **Fehler machen dürfen – und daraus lernen**
   Wer ständig Angst haben muß, irgend etwas geht schief, bei dem geht gar nichts mehr. Wer nichts wagt, kann auch nichts gewinnen. In Anweisungen eingeengte und ständig kontrollierte Mitarbeiter verlieren jedoch diesen Mut, eine Verbesserung auszuprobieren, beim Denken auch Risiken einzugehen. Dabei läßt sich aus gemachten Fehlern am besten lernen, weitere Fehler zu vermeiden.

7. **Toleranz gegenüber unterschiedlichen Denkweisen und Charakteren**
   Zu wissen, wie andere denken und reagieren, erleichtert es, sie besser zu verstehen und effizienter mit ihnen zusammenzuarbeiten. Dazu gehört auch die Einsicht und Bereitschaft, sich selbst kritisch zu betrachten und die eigene Wirkung auf andere zu überprüfen.

   Selbstkritische Prüfung

8. **Vermeiden bürokratischer Hemmnisse**
   Die Bürokratie ist unersättlich, kostet Zeit, Kraft und Geld. Sie blockiert uns mit Vorschriften und Papierkram – eine riesige Verschwendung. Alle gemeinsam sollten wir der Bürokratie die Zähne ziehen. Sagen Sie, was Sie für überflüssig halten, was Sie bei Ihrer Arbeit behindert, belastet oder ärgert – und wie das zu vermeiden wäre.

Günter Geiger ist einer der geistigen Väter von KICK und NFZ. Auch in seiner neuen Position als Präsident des REFA-Verbands bleibt „Die neue Rolle der Führungskraft in der Lean Company" eines seiner Lieblingsthemen. Selbstverständlich geht seine Interpretation von Schlankheit weit über „Arbeiten mit weniger Mitarbeitern" hinaus. Er erkennt die Potentiale zur Verbesserung in den Unternehmen zu einem Drittel in der „einfachen

Konstruktion", zu einem zweiten Drittel in „einfachen Produktionsprozessen" und erst zum letzten Drittel in Führung und Organisation. Gruppenarbeit in der Fertigung sieht er dabei als einen relativ kleinen Teil. Von „schlanker Verwaltung" ist ihm noch viel zu selten die Rede.

Nachholbedarf bei „schlanker Verwaltung"

Was vor-, quer- und nachdenkende Manager wie *Günter Geiger, Eberhard Merz, Hans Klingel* oder *Johann Tikart* vorleben, von sich selbst so aber wohl nie behaupten würden, haben amerikanische Professoren in verschiedenen Studien herausgearbeitet: Überzeugender Wandel steht und fällt mit „charismatischen Führungspersonen". Mit Menschen also, die bei den Geführten Achtung, Vertrauen und Zuneigung hervorrufen, sie für neue Ziele begeistern und zu außergewöhnlichen Leistungen anspornen.

Management by Charisma

Als charakteristisch für eine „charismatische Führungskraft" gilt: Sie ist bereit, als Agent des organisatorischen Wandels selbst Opfer zu bringen, sie ist offen und unkonventionell, schätzt Grenzen und Risiken realistisch ein, stellt hohe Anforderungen (auch an sich selbst) und vermittelt zugleich großes Vertrauen in die Fähigkeit aller Mitarbeitenden, diesen besonderen Ansprüchen gerecht zu werden. „Charisma" ist also doch mehr als eine angeborene geheimnisvolle Macht.

- *„Ziel muß es sein, nicht nur den Planern und Vorgesetzten, sondern allen Mitarbeitern Hilfen an die Hand zu geben, wie sie ihre Arbeit möglichst selbständig organisieren können und dies dann auch wollen!"*
- *„Auch Vorgesetzte müssen sich ändern: vom Lust-Abschöpfer zum Lust-Vermittler."*

Das sind, zur Veranschaulichung, zwei der *Geiger*'schen Merksätze zum Weitersagen.

5.3 Talente und Kompetenzen der „ganzen Menschen"

Seit einigen Jahren gewinnt eine Denkweise immer mehr Anhänger, die bewußt Schluß macht mit der alten Zweiteilung des Menschen in Arbeitskraft und Privatperson. Es geht darum, viele bislang hinter Zeitdruck und Routine verdrängte schöpferische Kräfte, Ideenreserven und praktische Talente zu erkennen und anzuerkennen, herauszufordern und zu fördern. Organisieren und improvisieren, Zögernde überzeugen, verfahrene Situationen retten, gegen vielerlei Widerstände ein Ziel erreichen oder mysteriösen Mängeln auf die Spur kommen - all das und noch viel mehr können Menschen in ihrer Freizeit. Welche Chance, solche Erfolge auch im Team mit Berufskollegen zu erreichen - welche Verschwendung wäre es, so viele Fähigkeiten im Rahmen der neuen ganzheitlichen Arbeitsformen nicht zu nutzen!

Zur Förderung der Talente ist Führungskunst auf unterschiedlichen Ebenen im Großbetrieb wie in eigenständigen Profitcentern und weitgehend selbstverantwortlichen Teams gefragt. Die Kunst besteht darin, diesen neuen Führungsstil der Motivation durch Ansprache des „ganzen Menschen" nicht als Rundum-Anspruch auf diesen Menschen erscheinen zu lassen. Letzteres wäre doch wieder nichts anderes als Ausbeutung, sogar in höherer Potenz. Warum eigentlich sollte jemand einem Unternehmen die eigenen, „ganz privaten" guten Ideen und Gedanken schenken?

Ansprache statt Ansprüche

Von Betriebsseite genügt es nicht, ein neues Interesse an „mündigen Mitarbeiterinnen und Mitarbeitern" zu proklamieren. Die so geschätzten Fachkräfte wollen die Chance erkennen können, daß sie persönlich nach den absehbaren Veränderungen weder überflüssig werden noch zur Degradierung anstehen. Sie wollen auch zum eigenen Vorteil (nicht nur als Mitträger von Risiken) und mit wachsender Kompetenz den Arbeitsprozeß mitgestalten. Alle Theorien zum Management des Wandels gehen davon aus, daß Modelle zur Neuorganisation von Unternehmen nur dann erfolgreich umgesetzt werden können, wenn alle bis hin zum jüngsten Auszubildenden sich als Nutznießer und deshalb als überzeugte Träger der Veränderungen verstehen.

Nutznießer sind überzeugte Mitgestalter

Genau dieses Angebot, als Chance für die Belegschaft und Gewinn für die einzelnen, erschüttert unter Umständen das Selbstverständnis und die Position traditioneller Manager ganz beträchtlich. Nicht nur, weil bei der Zusammenarbeit mit mündigen Menschen der Legitimationsdruck wächst, Chef-Gebaren sich als kontraproduktiv erweist oder verpufft, und ohne überzeugende Begründungen nicht mehr viel läuft.

- Zutrauen ins Team statt Absichern nach oben,
- Loslassen statt „Zügel fest in der Hand",
- Offenheit statt Routine,
- Schluß mit der Angst- und Mißtrauenskultur...

Derartige Appelle als Basis für erfolgsorientiertes Management kursieren und bewähren sich zum Teil seit Jahren. Und ebensolange kursieren die besorgten Vorbehalte: Wie soll das gutgehen?

Rechtzeitiges Nachdenken über besorgte Fragen

Wer so fragt, ist freilich nicht unweigerlich ein verknöcherter, autoritär fixierter Führungstyp, sondern hat möglicherweise bereits Erfahrung mit Managementaufgaben in dezentralisierten Strukturen samt den dort freigesetzten, oft schwer kontrollierbaren Kräften gesammelt und will mit der Frage Anstoß zum rechtzeitigen Nachdenken geben. Neben positiven Folgen wie

- mehr Ansporn und Zufriedenheit durch Arbeit in weitgehend selbstverantwortlichen Gruppen, die in wechselnder Zusammensetzung agieren,
- Stärkung der Persönlichkeiten durch ganzheitliche, nicht länger tayloristisch zerstückelte Arbeitsaufgaben,
- mehr unternehmerischer Nutzen durch kürzere Wege, mehr Kundennähe und weniger Zeitverlust bei der Umsetzung innovativer Ideen,

sind zweifellos auch Probleme zu erwarten.

5.4 Kämpfe, Karrieren und zentrifugale Kräfte

So fühlen sich bei der Auflösung der alten Strukturen viele Mitarbeiter und Mitarbeiterinnen verunsichert. Ganz besonders natürlich nach einer „da oben" beschlossenen, nicht etwa gemeinsam vorbereiteten Unternehmensumgestaltung. Der Wegfall von Arbeitsroutinen bedeutet nicht nur mehr Abwechslung, sondern auch neue Mühen. Unausgesprochene Erwartungen und Hoffnungen, unabsehbare Machtkämpfe im Rahmen neuer Flexibilitäten der sich selbst steuernden Gruppen können durchaus als bedrohlich erlebt werden.

Neue Mühen und Unsicherheit

Sozial- und Wirtschaftspsychologen wie *Lutz von Rosenstiel, Friedemann W. Nerdinger* oder *Manfred Moldaschl* berichten in Studien von extrem scharfem Leistungsdruck, der in Form von Kollegenkontrolle gelegentlich weit über die traditionelle Kontrolle durch Vorgesetze hinausgeht. Der Grund: Weil mit der „Verschlankung" viele Karrierestufen schlicht verschwunden sind, entsteht einerseits eine Art Macht-Vakuum von oben, andererseits verschärft sich der Kampf um die verbliebenen Aufstiegspositionen - und natürlich

Leistungsdruck verschwindet nicht

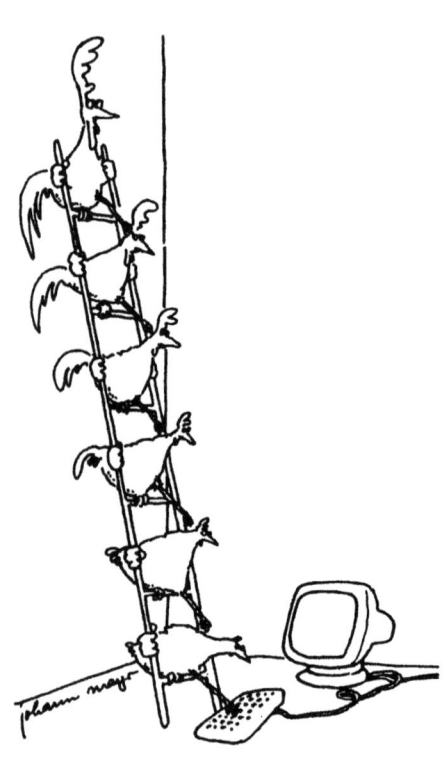

erweisen sich in mehr oder weniger selbstverantwortlichen Gruppen die allgemeinen Leistungsanforderungen als genau so strikt wie anderswo.

Nun kommt es darauf an, daß Manager wie Mitarbeiter immer wieder neu herausfinden, wie sie ihre unterschiedlichen Talente und Fertigkeiten, ihre fachliche Autorität oder die Bedeutung ihrer sonstigen Kenntnisse am sinnvollsten einbringen. Zum neuen Selbstverständnis zeitgemäßer Führungskräfte gehört es, nicht nur als Coach bei der Entwicklung der erwünschten Teamqualitäten aufzutreten. Zusätzlich müssen sie sich selbst und den Teams klar machen, daß es ab sofort weniger um individuellen Aufstieg als um Fortschritt für alle geht. Die Vorstellung von Karriere als dem zielstrebigen Erklimmen einer unverrückbar feststehenden Leiter bis möglichst weit nach oben (einschließlich Tretmöglichkeiten nach unten) hat keine große Zukunft.

Günter Geiger prangert vehement das alte (und unterschwellig immer noch weit verbreitete) hierarchische Prinzip an à la: Angestellte sind mehr wert als Arbeiter - Planen ist mehr wert als Ausführen - Führen ist mehr wert als Schaffen... Und er ist nicht allein mit seiner Kritik. *„Wir machen die Pyramide kleiner und reden von flachen*

Hierarchien, ein Großteil der Karrierestellen sind weg - und trotzdem tun wir so, als sei das noch immer das Richtige. Es gibt erst ganz wenige Firmen, die sich intensiv auseinandersetzen mit diesem Phänomen, daß man auch auf andere Weise Karriere machen sollte, denn als Führer von möglichst vielen Leuten!"

Der Gedanke ist gewöhnungsbedürftig für viele. Das Konzept jedoch, jahrelang als „alternativ-idealistisch" geschmäht, wird sich wohl durchsetzen: Bedeutung und Wichtigkeit eines Menschen lassen sich künftig nicht mehr an der Zahl der Untergebenen erkennen oder als Macht über möglichst viele nachgeordnete Stellen definieren. Bedeutung und Wichtigkeit einer Person erweisen sich durch ihre Kreativität und Handlungsfähigkeit, die auf sozialer wie fachlicher Kompetenz beruhen. Wie wichtig und bedeutend Menschen sind, zeigt sich außerdem in der Vielfalt ihrer Positionen im Rahmen verschiedener Netzwerke - wo sie ganz selbstverständlich wechseln zwischen Projektaufgaben, Führungsfunktionen und Zuliefererarbeit.

Mindestens genauso gewöhnungsbedürftig und wesentlich riskanter ist die Aufforderung, die Belegschaften in dezentralisierten Unternehmen sollten sich nicht länger als Lohnabhängige verstehen, nicht nur die Entwicklung fachlich kompetent mitgestalten, sondern als „Unternehmer im Unternehmen", als sogenannte *Intrapreneure* aktiv werden. Diese Personalpolitik in „schlanken Unternehmen" beruht darauf, daß deutlich mehr Entscheidungsbefugnisse „nach unten" abgegeben werden, etwa über Pausenregelungen oder die Urlaubsplanung, bis hin zum zeitlichen Ablauf einzelner Produktionsphasen. Gleichzeitig wächst damit „unten" unweigerlich die Verantwortung, etwa für Kundenzu-

Gewöhnungsbedürftige Gedankengänge

friedenheit, das Einhalten von Terminen und des Qualitätsniveaus.

Riskant kann dieser neue, als „*Empowerment*" bezeichnete Stil nicht nur deshalb für die traditionelle Arbeitnehmerschaft werden, weil er ein Verhalten in völlig neuen Rollen verlangt. *Intrapreneure* lassen sich nicht einfach definieren, sie brauchen die Chance, an wachsenden Aufgaben zu lernen und mitzuwachsen. Auch über die finanziellen Konsequenzen für derartige „Unternehmer im Unternehmen" sollte absolute Klarheit bestehen.

Noch riskanter, bis hin zur Selbstauflösung, wird es allerdings für so einen umstrukturierten Betrieb, weil er durch die nicht genau absehbare Effizienz der „unternehmerischen" Belegschaften in seinen verschiedenen teilautonomen Einzelbereichen einerseits nicht mehr eindeutig erkennbar ist, andererseits unberechenbar zu werden droht. Je erfolgreicher im Wettbewerb, intern und nach außen, desto geringer die Bedeutung des Gesamtunternehmens - im Verständnis der Agierenden wie in den Augen der Kunden, Lieferanten und sonstigen Partner.

Das Dilemma besteht offensichtlich zwischen notwendiger Flexibilisierung und dabei drohender Auflösung in dezentralisierte Einzelteile oder Rückkehr zu stärker organisatorisch geregeltem Zusammenhalt und damit drohendem Verlust der eben erst per „Schlankheitskur" erreichten Vorteile. Kein Wunder, daß sich in dieser Situation alle Hoffnungen auf die soziale Kompetenz, das Integrationsgeschick der Führungskräfte richtet. In der Betriebswirtschaftslehre ist mittlerweile schon davon die Rede, daß „Identifikationspolitik" als ein wichtiger Teil des Personalmanagements betrieben werden muß - Stichwort „weiche Faktoren der Integration".

Marginalien:
Intrapreneure brauchen Entwicklungschancen

Integration durch Identifikation

5.5 Rollenkonflikt, Zwickmühle und „weiche Integrationsfaktoren"

Wenn Vorgesetzte sich zum Coach, zum Moderator vergleichsweise eigenständiger Teams wandeln, dann ist Personalführung als unterstützende Dienstleistung der früheren Chefs für ihre früheren Untergebenen zu verstehen. Rollenkonflikte lauern an jeder Ecke. Der entscheidende Unterschied zwischen Trainer und Coach liegt bekanntlich darin, daß der eine für meßbare Leistungssteigerungen, der andere für die sich steigernde Leistungsbereitschaft und Leistungsfähigkeit zu sorgen hat. Animation und Koordination also, Fördern von Teamgeist, Formulierung gemeinsamer Wert- und Zielvorstellungen als neue Aufgabe des Firmenmanagements.

Unterschied zwischen Trainer und Coach

Viele routinierte Vorgesetzte sehen sich da mitten in der Zwickmühle: Sie sollen einerseits „locker lassen", Kompetenzen abgeben, voller Vertrauen auf die Entwicklung der entscheidenden Mitarbeiterqualitäten setzen. Andererseits werden sie selbst weiter vor allem daran gemessen, ob die oft sehr hochgesteckten, von Börsenimage und Devisenentwicklungen geprägten Unternehmensziele innerhalb der kurzen Zeiträume bis zum nächsten Bilanzstichtag erreicht werden. Wenn es in einem Unternehmen an der Bereitschaft oder den materiellen Voraussetzungen zum „langen Atem" mangelt, sehen diese Führungskräfte sich durch den alten Druck gezwungen, ihre neue, auf Zutrauen und Vertrauen gegründete Erfolgsstrategie selbst zu ruinieren...

Gefahren der Kurzatmigkeit...

Ist jedoch unter den neuen Gegebenheiten die Bereitschaft zum längerfristigen Umdenken vorhanden - rangiert also z.B. die Quantität der Kundenbeziehungen nicht länger vor deren Qualität, oder wandelt sich die platte ad-hoc Personalpolitik zur umsichtigen Personalentwicklung - dann lassen sich mindestens drei „weiche Faktoren" als Elemente zur Förderung des gewünschten Zusammenhalts zwischen den dezentralisierten Einheiten ausmachen:

- *Entwicklung einer sogenannten Unternehmenskultur mit eigenen Normen, Codes und Symbolen (vom Firmenlogo über die Firmensaga bis zur Corporate Identity)* - Das bedeutet im negativen Extremfall, daß unter wohlklingenden Floskeln und „Visionen" weiterhin der alte Führungsstil herrscht und sich daraufhin Frust und Zynismus statt der erwünschten Motivation ausbreiten. Positive Wirkung läßt sich nur dann erzielen, wenn Sinn und Nutzen auch im Interesse der Belegschaften klar erkennbar sind und die Ideale der Unternehmenskultur auf allen Ebenen tatsächlich erlebt werden.

... und trügerischer Floskeln

- *Entwicklung besonderer unternehmerischer Leitbilder oder Rahmenkonzepte* - Es erfordert allerdings viel Geduld, Gespür und Abstimmungsaufwand, um jene gemeinsamen, beständigen Werte zu formulieren, an denen alle sich orientieren können.

- *Entwicklung sogenannter partizipativer Prozesse* - Voraussetzung dafür ist eine wirklich offene Gestaltung, beispielsweise in Form von „Betriebsklimauntersuchungen" einschließlich Rückmeldung der Ergebnisse an die Belegschaften. Unabdingbar ist außerdem, daß auch weiterhin ausführlich über die allerseits gewünschten Werte diskutiert wird.

Wirtschaftspsychologen, Betriebswirtschaftler, Soziologen und erfahrene Praktiker lassen keine Zweifel aufkommen: Diese oder ähnliche Integrationsprogramme sind die dringend notwendige Konsequenz betrieblicher „Schlankheitskuren". Sie werden aber nur erfolgreich laufen, wenn die engagiert Handelnden auf eine Dreierkombination von Faktoren zurückgreifen können, die mitten in betrieblichen und weltwirtschaftlichen Turbulenzen leider als absolute Raritäten gelten: Geduld, Vertrauen - und Zeit.

Notwendige Ergänzung der Schlankheitskur

5.6 Kommunikation und Freiräume für Veränderung

Die Wechselwirkungen zwischen Geduld, Vertrauen und Kommunikation gelten als beste Voraussetzung dafür, daß Belegschaften und Führungskräfte es tatsächlich wagen können, die angebotenen Freiräume phantasievoll zu gestalten. Deshalb klingt auch nachvollziehbar und überzeugend, was beispielsweise *Eberhard Merz* zum „Leben in Veränderungen" zusammenfaßt:

„Richtig angepackte Veränderungsprozesse bewegen sich in der gegenwärtigen Praxis hin auf ... die Überwindung der Hierarchie des Denkens, die Konzentration auf Kernkompetenzen, die Umformung der Führungsstrukturen und auf die Integration von Führungsaufgaben in den Arbeitsprozeß... Die Akteure sind entsprechend zu qualifizieren, was weit mehr ist als die Vermittlung von fachlichen und methodischen Kompetenzen. Es werden vielmehr ganz neue soziale Fähigkeiten gefordert.

Freiräume schaffen für das „Eigentliche"

Dazu muß richtige Kommunikation zwischen allen Beteiligten stattfinden. Es muß den Akteuren Gelegenheit gegeben werden, den Umgang mit der Freiheit des Handelns und des Tragens von Verantwortung lernen zu dürfen, so daß eine 'Freiheit in Leitschienen' voll wirksam werden kann. Dies gibt neue intellektuelle und emotionale Freiräume für das 'Eigentliche', nämlich das Nachdenken über und das gemeinsame Arbeiten für die Gestaltung der Veränderungsprozesse."

Noch hat sich derartiges Denken nicht flächendeckend durchgesetzt. Noch herrscht in vielen Unternehmen auf Führungsebenen, in Stabsfunktionen, an Koordinations- und Schnittstellen das selbstgerechte, verhängnisvolle Dinosaurier-Bewußtsein à la „Wir sind doch ohnehin die Größten, mit wem sollten wir kommunizieren - und wozu?"

Sechs Typen - kein Vorbild

Im *Fraunhofer Institut für Systemtechnik und Innovationsforschung/ISI* in Karlsruhe hat man drei „Typen zögerlichen Managements" ausfindig gemacht:

- *Die Visionslosen* können und wollen sich Veränderung gar nicht vorstellen. Sie sehen überhaupt keine Notwendigkeit und erfahren keinerlei Anregung seitens der Geschäftsführung (wo möglicherweise Machtkämpfe toben oder lähmende Meinungsdifferenzen herrschen).
- *Die Konservativen* klammern sich an früher Bewährtes - nicht unbedingt aus Zukunftsangst, sondern weil ihnen das Problembewußtsein fehlt, weil sie weder die ökonomische Notwendigkeit, noch größeren Nutzen erkennen können und nicht zuletzt, weil sie gar nicht wüßten, wie der Wandel zu bewirken wäre.
- *Die Unsicheren* schrecken vor komplexen Zusammenhängen und absehbaren Problemen zu-

rück. Auch sie haben vor allem Know-how-Defizite und vermutlich die beflügelnde Wirkung von Loslassen, Kommunikation und Kooperation in Freiräumen noch nicht erlebt.

Darüber hinaus macht *Günter Geiger* bei Vorträgen sein Publikum gern mit weiteren Typen der „Unternehmer als Unterlasser" bekannt. Da wirken

- der *Held der „One-Man-Show",* der früher oder später alle loyal Mitarbeitenden verprellt,
- der *Luftschlossbauer,* der sich in gute, aber leider völlig unpassende Pläne verstrickt - bis zur schmerzlichen Bruchlandung,
- der *analytische Geist,* der alles daran setzt, so lange zu recherchieren, abzuwägen und Bedenken zu wälzen, bis die Chance zur Veränderung endgültig passé ist.

Schließlich gibt es noch die *betriebsblinden Aktivisten.* Sie argumentieren vor allem gegen die vermeintlich unproduktiven Kommunikations- und Abstimmungsprozesse - mit Zeitmangel, der eigenen Wichtigkeit und wohlbekannten Ausflüchten, etwa so: „Wir haben Säge-Aufträge zu erfüllen, Tag und Nacht - da können wir es uns einfach nicht leisten, die Sägen auch noch zu schärfen!"

Denkfallen für Betriebsblinde

Der Publizist und Bewußtseinsforscher *John Hormann* weist immer wieder darauf hin, daß in den vielbeschworenen „lernenden" und deshalb zukunftsfähigen Unternehmen generationenlang ritualisiertes Machtgebaren und nie mehr hinterfragtes Herrschaftswissen abgelöst worden sind durch Partnerschaftsdenken und die Fähigkeit der Führenden, „angemessene Fragen zu stellen". Gleichzeitig haben die Beschäftigten es geschafft, sich freizumachen von der traditionellen, oft lähmenden, manchmal auch ganz bequemen „Opferrolle". Allmählich werden für sie neben den Mühen der selbstgesteuerten Arbeit die Vorteile klar: Anerkennung, Stolz auf die eigenen innovative Ideen, Mut und geradezu ansteckende Lust zum kreativen Weitermachen.

Auch der Münchner Sozial- und Wirtschaftspsychologe *Dieter Frey* empfiehlt - quasi in Ergänzung zum Wirken der *Klingel'*schen „Hofnarren" - die Methode „Führen durch Fragen": etwa im Rahmen von „Neugier- und Lernkultur", von „Problemlösekultur" und „Teamarbeitskultur" in den Unternehmen. Er denkt an „Querdenkerbeiräte", an Motivation durch begeisterte Vorbilder und das „Prinzip der konstruktiven Rückmeldung", neudeutsch: Feedback, altdeutsch ausgewogen: Lob und Tadel.

Frey hat auch hinter die glänzenden Fassaden der Selbstdarstellungsbroschüren von Firmen geschaut und da entdeckte er *„Eitelkeit, Arroganz, Angst vor Privilegien- und Machtverlust: Viele Mitarbeiter werden am Arbeitsplatz entmündigt - das ist eine Verschwendung von Kreativität und Innovationspotential."* Sein Fazit: *„Firmen entwickeln aufgrund ihrer antiquierten Struktur und Mentalität bei weitem nicht das Potential, das sie mit mehr Mut zu Phantasie, zum Querdenken und mit mehr Mut zu Veränderung entwickeln könnten. Das Know-how zum Erreichen von Innovationen ist vorhanden - es wird zuwenig abgerufen und umgesetzt."*

Der vielfach geforderte Wissenstransfer ist deutlich mehr als das noch nie befriedigende Einpauken von Faktenwissen durch pflichtbewußte Schulmeister oder ausgeklügelte Computerprogramme. Im Idealfall findet Transfer als eine immer weiterreichende Folge gemeinsamer Lernprozesse in wechselnden, hochmotivierten Gruppen mit begeisternden Promotoren statt. Im Rahmen

---

Blick hinter die Fassaden

Transfer ist nicht gleich Pauken

dieser Prozesse muß es die Chance zur Entfaltung von „Eigen-Sinn" und zum Austragen von Konflikten geben - für Führungskräfte wie für alle anderen Beschäftigten, in kleinen, mittleren und großen Unternehmen.

Raum für Eigen-Sinn und kreative Konflikte

Vor Jahrhunderten hielten sich weise Herrscher ihre Hofnarren, sozusagen zur Schwachstellenanalyse live. Knapp vor Beginn des nächsten Jahrtausends sind Unternehmen nicht minder auf derartige Dienste angewiesen. Allerdings werden die Führungskräfte von gestern und heute sich weder allesamt in firmenspezifische Frühwarner verwandeln lassen, noch als integrierte Betriebsnarren verstehen wollen. Ohnehin ist abzusehen, daß es in globalisierten, dezentralisierten, flexiblen Unternehmensstrukturen unweigerlich immer weniger langfristig überschaubare Karrieren geben wird. Auch nicht für bestens ausgebildete, engagierte, mobile Mitarbeiter und Mitarbeiterinnen.

Die Lösung für kreative Menschen mit Eigen-Sinn: Kein Heimweh nach der alten, steilen Karriere*leiter*, sondern Mut zum Sprung auf das Karriere*karussell*! Das ist nicht hierarchisch, sondern horizontal angelegt; da drückt nicht eine Ebene nach der anderen auf die jeweils darunterliegende, sondern es bewegen sich eigendynamische Einheiten im größeren Zusammenhang; da steigt man nach eigenem Entschluß aus, um und wieder ein, auf einen völlig anderen Platz...

Von der Karriereleiter aufs Karrierekarussell

Doch damit erschöpfen sich bereits die vergnüglichen Parallelen zum Kinderkarussell. Bei den Karrieren der Zukunft geht es letztlich darum, auf eigenes Risiko (also weitgehend auf eigene Kosten) Intelligenz und Wissen, aktuelle Informationen und bewährte Kontakte, ausgeklügelte Kommunikationstechnik und Einfühlungsvermögen, Spontaneität und Erfahrung, Eigeninitiative

Eigenes Risiko - eigene Kosten

und Teamgeist immer wieder neu abzustimmen, um in künftigen Turbulenzen und Paradoxien bestehen zu können - eigenverantwortlich, nicht als eines von zahllosen Rädchen in den Getrieben sich auflösender Firmenimperien.

Auch unter diesem Aspekt muß die entscheidende Veränderung in den Köpfen stattfinden. In allen Köpfen. Es wird zur vertrauten Selbstverständlichkeit werden, daß Menschen ihr Arbeitsleben nicht länger streng von der Freizeitexistenz trennen, daß sich Streß und Lust, Erfolge und Frust auf eine ganze Palette von Tätigkeiten, Arbeiten und Beschäftigungen, auf sehr unterschiedliche Aufgaben und Verantwortungsfelder beziehen. So erfährt unter spätkapitalistischen Vorzeichen die frühmarxistische Utopie vom abwechselnd jagenden, viehzüchtenden und kritisch philosophierenden Menschen ihre eher unerwartete Anerkennung.

Zurück zur Utopie

Die anspruchsvolle Lektion mit all ihren Konsequenzen muß schnell gelernt werden. Es wird nämlich bereits heute das Leben vieler Menschen nicht länger vom „sicheren" Status der Lohnabhängigkeit geprägt. Zunehmend gepriesen werden die Perspektiven für eine Existenz als mehr oder weniger „vogelfreie" Fachkraft.

In fernöstlichen Kulturen gelten Maximen wie *„Es gibt keine perfekte Lösung in einer sich wandelnden Welt"* oder *„Kompromiß ist die Basis für dauernden Erfolg"*. Sie haben mit Resignation ebensowenig zu tun wie mit Schwäche oder mangelnder Zielstrebigkeit. Im mitteleuropäischen Kulturkreis sollten wir uns endlich mit den Konsequenzen der „Grenzen des Wachstums" ernsthaft befassen. Und uns nicht länger vor der rettenden aber schwierigen Notwendigkeit drücken, auf dem Höhepunkt des Erfolgs rechtzeitig den neuen Weg einzuschlagen.

Weder Schwäche noch Resignation

6 Auswege aus der Dezentralisierungsfalle und Win-Win-Effekte international

*Man kann auch
auf andere Weise Karriere machen,
denn als Führer
von möglichst vielen Leuten.*
GÜNTER GEIGER,
Präsident des REFA-Verbandes

Erfolgreiche Wege - so viel hat sich herumgesprochen - müssen nicht nur gesucht und gefunden werden. Ihre Entdeckung löst kein einziges Problem, solange niemand sie beschreitet. Allerdings führt selbst entschlossenes und zugleich umsichtiges Schreiten keineswegs schnurstracks zu dauerhaften Problemlösungen. Unter turbulenten Umständen ist nichts mehr von Dauer, und auf der Strecke bleibt, wer allzu lange zögert, vom alten, gradlinigen Pfad abzuweichen. Auch das spricht sich allmählich herum.

Doch weiterhin wird es Probleme geben, auch auf den neuen Wegen. Allein unter dem Stichwort „Dezentralisierungsfalle" läßt sich eine Fülle von Schwierigkeiten ausmachen. Personalwirtschaftlich betrachtet stehen beispielsweise immer schnellere Produkt- und Leistungszyklen im Widerspruch zu den erwünschten langfristig stabilen und qualifizierten Belegschaften. Wichtige Schlüsselfiguren des Wandels sehen sich bereits als die ersten Innovationsopfer, weil sie sich mit wachsendem Erfolg selbst entbehrlich machen. Der von den dezentralisierten Einheiten geforderte „Sinn für Eigennutz" schlägt allzuleicht um in Egoismen, etwa in Form von Abschottung, des „Not-invented-here"-Syndroms oder eitlen Pochens auf Eigenständigkeit.

6.1 Kompetenzverlust statt Gewinn an Dynamik

Organisatorisch betrachtet können sich Widersprüche, Widerstände und Brüche ergeben durch zu viele oder falsch positionierte Schnittstellen (die sich zu allem Überfluß tatsächlich als Schnitt- und nicht als Nahtstellen erweisen), durch Überkomplexität oder eine überhaupt nur halbherzig, nicht entschieden genug angepackte Dezentralisierung. Wenn dann, aus Sorge wegen der absehbaren Kosten, bei der Kommunikation gespart wird, kommt es zu Fehlinformationen, Mißverständnissen und Unklarheiten darüber, wie verbindlich die Absprachen sind. Folge: Der unternehmensweite Erfahrungsaustausch schläft ein, Ansatzpunkte für Innovationen verkümmern oder verschwinden völlig, immer kurzatmigere Strategien orientieren sich immer weniger an langfristigen Erfolgspotentialen. Endzustand: Das Unternehmen hat an Kompetenz verloren, statt an Flexibilität, Wettbewerbsfähigkeit und Dynamik zu gewinnen.

Besser Naht- als Schnittstellen

Auf der Grundlage einer Darstellung von *Larry E. Greiner*, die *Volker Volkholz, Dortmunder Gesellschaft für Arbeitsschutz und Humanisierungsforschung*, weitergestaltete, läßt sich eine in ihrem Ende noch gar nicht absehbare Folge von stabilen und turbulenten Phasen bei der Organisationsentwicklung zeichnen.

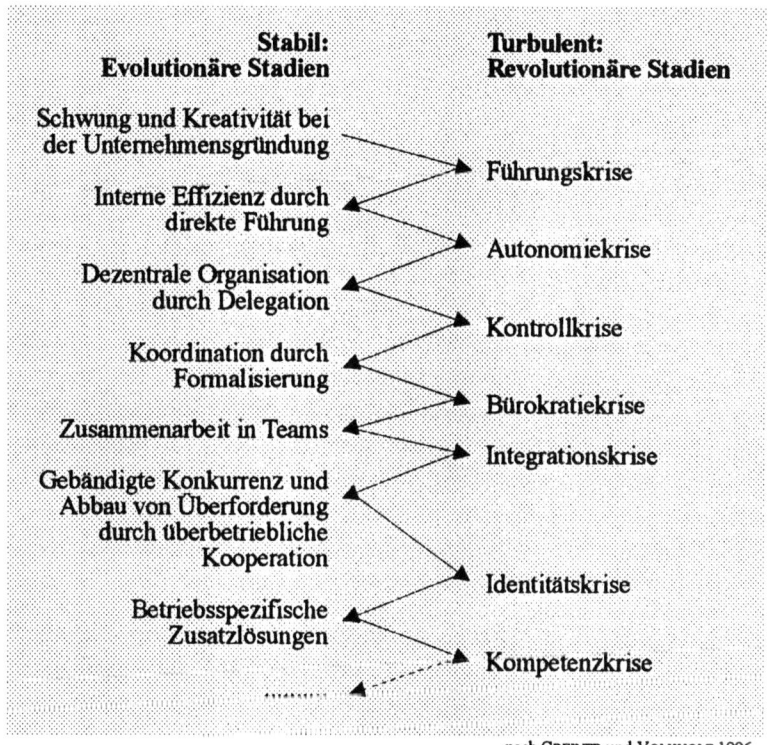

nach GREINER und VOLKHOLZ 1996

ABB 6.1: PHASEN DER ORGANISATIONSENTWICKLUNG

Über alle internen Schwierigkeiten hinaus gibt es Probleme bei oder nach der Dezentralisierung von Unternehmen (Hierarchieabbau inbegriffen), die auf gesellschaftspolitischer Ebene dringend gelöst werden müssen. Die völlig unzeitgemäßen (arbeitsrechtlichen, tarifpolitischen, statuszuweisenden) Unterschiede zwischen Facharbeitern und Angestellten, die fehlenden stimmigeren Entgeltsysteme, die überfällige Neukonzeption des allgemeinen und beruflichen Bildungssystems samt aller darauf basierenden Karrierehoffnungen - lauter offene Fragen. Einerseits müssen berechtigte Schutzinteressen der Beschäftigten, andererseits

Offene Fragen

unerläßliche Voraussetzungen für mehr Wettbewerbsfähigkeit, Flexibilität und Effizienz in den Betrieben berücksichtigt werden.

6.2 Drei Dezentralisierungstypen - immer Mittel zum Zweck

Dezentralisierung, so viel steht fest, ist nicht unternehmerischer Selbstzweck, sondern ein vielschichtiger Weg zum Ziel, nämlich zur Selbstbehauptung auf den globalisierten Märkten. *Hartmut Hirsch-Kreisen* vom *Institut für Sozialwissenschaftliche Forschung/ISF München* unterscheidet dabei der Einfachheit halber drei Typen: strategische, operative und (als Mischform) systematische Dezentralisierung.

Ziel ist die Selbstbehauptung

- TYP 1 ist die quasi klassische Form der unternehmensorganisatorischen Maßnahmen. Nach strategischen Kriterien werden Kompetenzen verlagert, externalisiert, neu zugeschnitten. Einzelschritte und Methoden können (neben dem in Kapitel 5 beschriebenen *Empowerment*) durchaus auch darin bestehen, daß zuvor verteilte Funktionen zurück in eine verkleinerte Zentrale geholt werden - alles mit dem Ziel von mehr Marktnähe, oft auch zum Ausbau der sogenannten Kernkompetenzen, also als Verringerung von Fertigungs-, Entwicklungs- und Dienstleistungstiefe.

Zum Beispiel das Unternehmen *Freudenberg Dichtungs- und Schwingungstechnik/FSD* (siehe auch Kapitel 4): Unter der Devise „Vom Regionalkonzept zum Europakonzept" wurden schon Anfang der 90er Jahre ganzheitliche Organisationseinheiten „vor Ort" mit Produkt- und Ergebnisverantwortung betraut. Im Rahmen einer deutlich geschrumpften Zentrale wurden „Lead-Center" mit europaweiter Zuständigkeit z.B. für Entwicklung, Marketing, Produktion oder Qualitätssicherung eingerichtet; spezielle Standortvorteile in verschiedenen Ländern werden durch regional verteilte „Satellitenfabriken" genutzt.

Eberhard Merz betont die positiven Auswirkungen der Dezentralisierung, erkennbar beispielsweise am zunehmend mutigen Investitionsverhalten und an der Innovationsfähigkeit einzelner Lead-Center. *„Wir haben festgestellt, daß sich die ausländischen Gesellschaften immer mehr Freiheitsgrade durch 'großzügige' Auslegung der zentralen Vorschriften verschafft haben. 'Je weiter von der Mutter weg, desto positiver das Ergebnis!' wurde gespottet."*

Je ferner, desto weiterreichend und positiver

Allerdings findet bei *FSD* wie in anderen Unternehmen seit Mitte der 90er Jahre eine gewisse, sorgfältig ausgewogene Rezentralisierung beispielsweise mit Blick auf bestimmte Entwicklungsfunktionen statt, um den immensen Kooperations- und Kommunikationsaufwand etwas abzubauen.

- TYP 2 umfaßt auf der Ebene der Fabrik- und Arbeitsorganisation all jene „operativen" Maßnahmen, die Kompetenzen und Zuständigkeiten aus Stabsstellen und allerlei übergeordneten Abteilungen weitgehend zu den unmittelbar Handelnden holen. Stichworte: Gruppenarbeit, Qualitätszirkel, Fertigungs- oder (selten einmal) Dienstleistungsinseln.

Zum Beispiel das Unternehmen *Ymos AG*, ein Automobilzulieferer (Schließsysteme, Oberflächen- und Innenraumteile aus Metall und/oder Kunststoff, innovative Module für das Smart-Auto): In Idar-Oberstein, einem von fünf deutschen

Standorten und sechs weiteren in Europa, hat sich im Laufe von knapp zehn Jahren eine ganzheitliche Arbeitsorganisation mit ebenso grundsätzlicher wie folgerichtiger Veränderung der Fertigungsstrukturen, der Arbeitszeiten und der Entlohnung entwickelt. Die neue partnerschaftliche Zusammenarbeit zwischen Belegschaft, Betriebsräten und Management basiert zum einen auf weitgehender Eigenständigkeit der maximal 30 Personen pro Gruppe beim Einteilen von Arbeit, Schichten, Urlaubszeiten etc. bis hin zur Weiterqualifizierung. Zum andern werden für jedes Jahr gemeinsame Zielvereinbarungen formuliert.

Solide Basis für Partnerschaft

Termingerechte Kundenbelieferung, selbstverantwortlich organisiert - so stellte sich bald heraus - ist unmöglich ohne flexible Arbeitszeiten. Folglich gibt es Gleitzeit für alle (zwischen 18 und 48 Stunden pro Woche), gegebenenfalls im 4-Schicht-Betrieb oder nach anderen, von den Teams eigenständig entwickelten Schichtmodellen. Ergänzend dazu wurde per Betriebsvereinbarung eine vierjährige Beschäftigungsgarantie festgeschrieben, die alljährlich erneuert werden soll.

Garantie dank Flexibilität

Im Rahmen des neuen Entlohnungssystems - nächster logischer Schritt - gibt es weder Kernzeiten noch Akkord, weder Kurzarbeit noch Überstundenzuschläge, dafür garantierte Monatslöhne, die sich aus Grundvergütung, individuellen Zulagen (etwa für Fach- und Zusatzkenntnisse, Flexibilität und Kreativität) und Gruppenerfolgsprämie zusammensetzen.

Grundvoraussetzung ist, so Standortleiter *Georg Wolf*, neben Offenheit, überzeugenden Argumenten und dem sachlichen Austragen von Konflikten die kompetente Mitgestaltung des gesamten Systems durch die Betriebsräte. *„Die Position Be-*

triebsrat ist für mich von der Bedeutung her gleichgestellt mit der Top-Führungskraft. Er ist, was die Information, Kommunikation und das Mitberaten angeht, gleichberechtigt."

> Betriebsräte ebenso wichtig wie Top-Kräfte

- TYP 3 bezieht auf unterschiedliche Weise die Elemente von strategischer und operativer Dezentralisierung aufeinander. Denn häufig zeigt es sich, daß die erwünschten Effekte wie Kundennähe, Arbeitsplatzsicherung, Flexibilität, geringere Organisations- und Gemeinkosten oder intensivere Maschinennutzung sich mit isolierten Maßnahmen oder der Beschränkung auf einzelne Ebenen nicht dauerhaft erreichen lassen.

Zum Beispiel das Unternehmen *Asea Brown Boveri AG/ABB,* ein in 140 Ländern agierender Konzern, gegliedert in rund 5.000 Profit-Center, weltweit etwa 1.350 formal-rechtlich selbständige Einzelunternehmen (operative Gesellschaften) und 68 verschiedene produktorientierte Unternehmensbereiche (Business Areas): Ende der 80er Jahre fusionierten die schwedische *ASEA* und die schweizer *BBC,* zwei sehr unterschiedliche, marktmächtige, teilweise stark konkurrierende Konzerne.

Die traditionellen Strukturen wurden gründlich auseinandergenommen. Das Ziel „weltweite Präsenz auf lokalen Märkten" sollte bei möglichst geringen Managementkosten vor allem durch weitreichende Freiräume für eigenverantwortliches Handeln („Ergebnisverantwortung" einschließlich konzerninterner Konkurrenz) erreicht werden. Dazu kamen Managementinstrumente wie flache Hierarchie, Kundenorientierung und Konzentration auf das Kerngeschäft (Outsourcing).

> „Being local worldwide"

Bereits seit 1994 jedoch heißt es „ABB schwingt zurück" - die Komplexität der Beziehungen ist strategisch nur durch eine vorsichtige Rezentralisierung in den Griff zu bekommen. Im Selbstverständnis des Konzerns ist mit dem radikal kundenorientierten Programm „Customer Focus" die zweite Stufe der beabsichtigten Entwicklung erreicht, der Global Player ist auf dem Weg zu einer „integrierten dezentralen Organisation."

Radikal kundenorientiert

Es zeigt sich also: Einerseits sind regional spezifische Kundennähe und die Kostenvorteile an „billigen" Auslandsstandorten nicht ohne (im Einzelfall sehr unterschiedlich ausgestaltete) Dezentralisierung zu erreichen. Andererseits verlangt gerade das mit der Internationalisierung wachsende Beziehungsgeflecht ein gezieltes Zusammenführen der Aktionen.

Ralf Reichwald und *Hans Koller* sprechen in ihrer betriebswirtschaftlichen Expertise von einer „beträchtlichen Bandbreite zwischen zentralen Vorgaben und dezentralen Detaillösungen" und gehen davon aus, daß Unternehmen, je nach den konkreten sonstigen Rahmenbedingungen, „langfristig möglicherweise sogar eine Pendelbewegung" innerhalb dieser Bandbreite vollziehen.

Zentral in den Vorgaben, dezentral in den Details

„Wichtig ist, die Reorganisation als permanenten Prozeß zu erkennen, den zu erhalten bereits einen eigenständigen produktiven Wert darstellt. Je mehr man erkennt, daß stabile Strukturen in einer turbulenten Welt utopisch sind, desto entscheidender wird es, die Organisationsentwicklung als Prozeß aufzufassen, in den vor allem die beteiligten Mitarbeiter intensiv eingebunden werden müssen - auch wenn diese Einbindung vordergründig mehr Zeit zu beanspruchen scheint.

Letztendlich ist nur auf diese Weise eine Akzeptanz für die sich ständig wandelnden Strukturen und Prozesse und eine produktive Gestaltung dieses Wandels erreichbar." Mühsam sind sie, aber vielversprechend, die Wege aus der Dezentralisierungsfalle.

6.3 Motivationsschub oder Machtverlust?

Am 22. Mai 1996 zierte das Photo einer optimistisch-souverän lächelnden jungen Software-Spezialistin die *Seite Drei* der *Süddeutschen Zeitung*. Bildunterschrift: „... Maya Vidhya hat in Indien Aufgaben eines Münchner Siemens-Manns übernommen." Der interkontinentale Konkurrenzkampf eröffnet zweifellos unabsehbare Chancen dort, andererseits ist er mit mehr oder weniger begründeten Ängsten hierzulande gekoppelt. Was überwiegt am Standort D - Ansporn oder Rückzug?

Ansporn oder Rückzug?

Heinrich von Pierer, Vorstandschef des Global Players *Siemens*, bleibt äußerst zuversichtlich. Das angepeilte Ziel von jährlich sechs bis sieben Prozent Wachstum im kommenden Jahrzehnt sieht er als Resultat einer konsequenten „Mischkalkulation", basierend auf dem vielzitierten Lohnkostenverhältnis von 1 zu 10 (Indien oder andere Schwellenländer zu Deutschland) für weltweit gleichermaßen erreichbare Top-Qualität. Mit dem Ergebnis dessen, was bei engagierten Indern und Inderinnen als gutbezahlte Arbeit gilt, werden - so die firmeneigene Argumentation, sehr ähnlich der der *Leonische Drahtwerke AG*, siehe Kapitel 4 - in Deutschland möglichst lange möglichst viele Arbeitsplätze kostenmäßig entlastet und längerfristig neue Märkte für in Deutschland gefertigte Güter erschlossen. Unternehmensinterne Subventionierung also, in noch ungewohnter Denkrichtung.

Trügerische Überlegenheit

Es wird höchste Zeit für deutsche Qualitätsarbeiter und ihre Führungskräfte, sich von ihren trügerischen Überlegenheitsgefühlen und der gelegentlich geradezu sprichwörtlichen Arroganz zu verabschieden. Dann nämlich könnten sie nahtlos dazu übergehen, die „neue Lust an der Arbeit" zu entdecken. Daß es sich hier nicht um einen zynischen Ausbeuterslogan handelt, sondern um eine vielversprechende Perspektive, konnten vor einiger Zeit 800 *Siemens*-Beschäftigte in Nürnberg am eigenen Leib erleben.

Ihr Motivationsschub entwickelte sich nämlich nicht nur, weil ihnen ihre akute Gefährdung im globalen Wettbewerb klar wurde. Zur anderen Hälfte wurde der neue Schwung, dank psychologischer Fachberatung intern, durch „neue Offenheit, mehr Gespräche, weniger Befehle" ausgelöst - und durch eine geradezu revolutionäre Vereinbarung: Die Arbeiterinnen, so der *SZ*-Report vom Mai 1996, konnten sich ihre Vorgesetzten und Gruppenkollegen selbst wählen.

Interne Beratung durch Psychologen

Vorgesetzte ihrerseits sehen sich vor der bewußten Sammlung von An- und Widersprüchen: Kompetenzen vertrauensvoll abgeben - aber für den Gesamtvorgang weiter verantwortlich sein; neue Verantwortung übernehmen, zum Beispiel als gewählte Gruppenkoordinatoren - aber mit weitgehend ungesichertem Aufgabenbereich; autonom und flexibel agieren - aber gebunden bleiben an die Gesamtinteressen des Unternehmens. Die Position des „gegängelten Managers" scheint, von außen betrachtet, nicht sonderlich attraktiv zu sein.

Der gegängelte Manager

Und wie steht es um die Motivation jener Meister, Techniker, Ingenieure, die - je mehr Erfolg durch die neuen Gruppenkompetenzen, desto schneller - ihren eigenen Machtverlust anstelle ihrer Karriere betreiben? Diese Frage berührt einen der allerwichtigsten Ansatzpunkte für erfolgreichen Wandel. „Unser Denken ist unser Innovationshemmnis", antwortet in solchen Zusammenhängen *Bernard de Monseignat* von *VDO Adolf Schindling AG*, Schwalbach.

Solange das Selbstverständnis eines Menschen auf seiner Position, seiner „Macht als Meister" beispielsweise, beruht und sich nicht auf die Herausforderung, also das „Meistern" künftiger Aufgaben richtet, muß dieser Mensch die neuen Perspektiven als ziemlich bedrohlich empfinden. Dann gehört dieser Mensch aber auch nicht zu jenen jetzt und weiterhin unentbehrlichen Führungskräften, die den „Zündfunken" überspringen lassen, die jene ansteckende „Vision" von den selbstbewußten, kompetenten und deshalb wettbewerbsfähigen Team-Mitgliedern weitertragen - ganz egal in welcher Position. Bei der *YMOS AG* in Idar-Oberstein zum Beispiel wurden spezielle „Produkt- und Technologieinseln" neu eingerichtet, wo bewährte Meister teamübergreifend als kompetente Hilfesteller, Technologen oder Kundenfachberater sinnvoll weiterwirken.

"Beweglichkeit heißt Ballast abwerfen - vor allen Dingen Ballast in unseren eigenen Köpfen, in Form von Vorurteilen und Denkbequemlichkeiten", argumentiert auch *Johann Tikart*, Geschäftsführer beim Hersteller von Waagen für Industrie und Handel *Mettler-Toledo (Albstadt)*. Bereits 1994 wurde die Firma mit dem Innovationspreis „Wettbewerbsvorteile durch Produktivität und Qualität" ausgezeichnet. Unter *Tikarts* Regie wurden die Arbeitsteilung weitgehend abgeschafft und zusammengehörige Tätigkeiten integriert, die Fertigungstiefe durch Ausgründungen abgebaut. Der Ausbau des betrieblichen Verbesserungswesens ersetzt die alten „Besserwisserfunktionen", Ängste oder Gleichgültigkeit ließen sich überwinden durch die Prinzipien der Selbststeuerung und Eigenverantwortlichkeit - kurz: Es wurden Bedingungen ge-

schaffen, „unter denen es Freude macht, Leistung zu erbringen".

"Menschen, nicht Werkzeuge bestimmen die Qualität der Produkte", ist eine von *Tikarts* Überzeugungen. Er hat erkannt: „*Wenn die individuellen Wertvorstellungen der Menschen mit den Wertvorstellungen des Unternehmens übereinstimmen, erhalten wir eine hohe Identifikation der Mitarbeiter mit dem Unternehmen und mit ihrer eigenen Tätigkeit - und das ist die wahre Quelle der Motivation.*" Außerdem ist er sicher, „*...daß wir, wenn wir etwas gestalten wollen, den Mut haben müssen, das zu tun, was wir als richtig erkannt haben, auch wenn wir uns auf nicht abgesicherten Wegen bewegen*". Gutes Beispiel: die sogenannte „synchrone Produktentwicklung" bei *Mettler-Toledo*, mit der sich die Entwicklungszeit für neue Produkte von bis dahin zwei oder drei Jahren auf sechs bis neun Monate verkürzt hat.

> Die wahre Quelle der Motivation

Auch *Tikart* hält seine Art der Unternehmensführung keineswegs für das universelle Patentrezept. Auch er sieht, daß wohl erst in höchster wirtschaftlicher Bedrängnis die Bereitschaft zur Neuorientierung in den Firmen, von der obersten Führungsebene bis zum jüngsten Belegschaftsmitglied, groß genug ist. Und er kann es sich kaum vorstellen, seine Art der Neustrukturierung in einem Betrieb mit mehr als 400 Mitarbeitern erfolgreich zu verwirklichen.

> Warum erst in höchster Bedrängnis?

6.4 Mittelständler - Vorbild oder Stiefkind?

Mit seiner Einschätzung, Betriebe in der Größenordnung bis zu 400 Beschäftigten seien besonders gut geeignet für die operative Variante von Dezentralisierung, steht der Praktiker *Johann Tikart* in einem gewissen Widerspruch zu verschiedenen Forschern und Wissenschaftlern. Die nämlich bedauern vielfach, daß es für Mittelständler viel zu wenig Modelle, gelungene Vorbilder und Ansätze gibt - insbesondere mit dem Ziel „turbulenzfähiges Unternehmen", siehe Kapitel 2. Andererseits ist es ja durchaus denkbar, daß die im Idealfall flexiblen und offenen mittelständischen Strukturen in Zukunft die Rolle eines Leitbilds beim Gestalten der neuen Strukturen für Großunternehmen spielen.

Offene Strukturen als Leitbilder

Zweifellos ist es richtig, daß man bei Mittelständlern kaum mit Vorschlägen Eindruck machen kann, die, auf Weltkonzerne abgestimmt, die Vorteile kleiner, reaktionsschneller und flexibler Einheiten preisen. Leider ist andererseits nicht zu leugnen, daß etwa die mittelständische Neugründung *Motorrad- und Zweiradwerk GmbH (MuZ), Hohndorf bei Zschopau* vier Jahre nach Billigung des Sanierungskonzepts durch die Treuhandanstalt in einem höchst gravierenden Teufelskreis aus Zahlungsschwierigkeiten und Lieferproblemen steckte. Die verbliebenen 170 von einst rund 4.000 Betriebsangehörigen setzten all ihre Hoffnungen auf einen malaysischen Investor und die Aussicht, künftig umfangreiche Entwicklungsarbeiten für einen Mischkonzern in Kuala Lumpur zu übernehmen...

Gravierender Teufelskreis

Es trifft auch zu, daß Mittelständler sich typischerweise schwerer tun, die richtigen Partner für ein gemeinsames Auftreten und Agieren auf den Weltmärkten zu finden, die Partnerschaft im gemeinsamen Interesse durch unterschiedliche Stärken zu festigen und dauerhaft auszubauen. Oft fühlen sich die Inhaber, als Produktions-, Entwicklungs-, Finanz-, Personal-, Vertriebs- und Marketingchef in Personalunion, nicht kompetent genug für das internationale Parkett. Ein kollegiales, beispielsweise von den Kammern getragenes Qualifizierungsprogramm, sehr spezifisch auf internationale Kooperationen abgestimmt und dabei selbstverständlich die Eigenständigkeit der jeweils Teilnehmenden wahrend, dürfte einer der Schritte in die richtige Richtung sein.

Kompetenz für internationale Auftritte

Bernd Jung beispielsweise, Personalleiter der *Ymos AG* in Idar-Oberstein, könnte sicher jederzeit ein Seminar und viele weitere Vorträge zum Thema „Internationale Märkte - Folgerungen für den Industriestandort Deutschland" halten. Die eigenen Erfahrungen kommentiert er so:

"Was sich im Rückblick als ganzheitliches Modell erweist, war nicht von Beginn an als solches arbeitswissenschaftlich fundiert. Fehler haben über Jahre stattgefunden... Die schrittweise Einführung war eine Folge des prozeßbegleitenden Lernens und zugleich Reaktion auf die Forderungen von Mitarbeitern, Betriebsräten und Management. Die Einführung der Gruppenarbeit hat nicht nur die Strukturen, Vergütung und Arbeitszeiten verändert, sondern den Grundstein zu einer völlig neuen Art der Zusammenarbeit gelegt. Mit den verschiedenen Maßnahmen konnten in den vergangenen Jahren die Arbeitsplätze in den deutschen Standorten gegen internationale Wettbewerber verteidigt werden."

Prozeßbegleitendes Lernen

Und dennoch: Auch *Jung* signalisiert, daß es auf turbulenten Rohstoff-, Arbeits- und Absatzmärkten keine Garantien für Erfolg geben kann: „*Trotz dieser teilweise bis an die Schmerzgrenze unserer Mitarbeiter gehenden Maßnahmen sind wir, bedingt durch die hohen Lohnnebenkosten, gegenüber unseren europäischen Konkurrenten nicht mehr wettbewerbsfähig, was mittelfristig zu*

Erfolgsgarantien gibt es nicht

einem Arbeitsplatzabbau in den deutschen Standorten führen wird."

Jungs halb selbstironische, halb ernsthafte Schlußfolgerung: Möglicherweise sei ja das *Ymos*-Konzept besser zu verkaufen als (unter den gegebenen Bedingungen) die Produkte... Auf jeden Fall gibt es bereits eine Tochtergesellschaft, die einschlägige Seminare konzipiert und durchführt.

6.5 Ein neues Verständnis von Controlling

Da nun einmal in dezentralisierten Unternehmen die zentrifugalen (um nicht zu sagen gruppenegoistischen) Kräfte erstarken, erweist sich ein wohlabgewogenes Minimum an hierarchischer Koordination als unentbehrlich. Inhaltliche Abstimmung, fachliche Kommunikation, delegierte Ergebnisverantwortung, ein kreatives, innovationsförderliches „Klima" und die stets gewünschte, von Vertrauen geprägte Unternehmenskultur entstehen und gedeihen nicht von ungefähr. Sie brauchen als eine Art Humus auch die Gewißheit von zuverlässig ablaufenden Entscheidungs- und Konfliktlösungsprozessen auf den diversen Betriebsebenen.

Die Stichworte „Coaching" und „Manager als Dienstleister" müssen also ergänzt werden durch den Begriff „Controlling". Allerdings nicht mehr im alten Sinne von Überwachung, Mißtrauen einer fernen Zentralinstanz, Beurteilung des Endergebnisses und allfällige Schuldzuweisung für irgendwelche Mängel. Controlling vielmehr verstanden in einer neuen Form, abgestimmt auf Flexibilität und offenen Führungsstil in dezentralen Strukturen. Controlling sozusagen als Frühwarnsystem und

Marginalien:
Unternehmenskultur braucht Zuverlässigkeit

Controlling als Orientierungsrahmen

Orientierungsrahmen, als ständige Beratungsinstanz für dezentralisierte Einheiten und alle dort Beschäftigten.

Gerade wer früher nur für perfekte Ausführung bezahlt wurde, braucht unter den neuen Voraussetzungen und Anforderungen verständliche, umfassende, ständige Informationen und Einblick in das gesamte Betriebsgeschehen. Ökonomische Selbststeuerung, Transparenz, Ergebnisverantwortung und andere Ideale sind nur zu verwirklichen, wenn alle an der Wertschöpfungskette Beteiligten die Kosten und Preise kennen, andererseits auch über Marketingstrategien oder die Absatzstruktur einigermaßen Bescheid wissen wollen. Wer wirtschaftliche Hintergründe und ihren Zusammenhang mit der eigenen Arbeit einschätzen kann, ist zu ganz neuen Einsichten und Leistungen bereit und fähig. *Motivation durch Information*

Zu diesem Teilbereich von Motivation kann Controlling in seiner neu definierten Funktion entscheidend beitragen. Doch es bleiben offene Fragen. Etwa:

- Wie lassen sich Insel- und Gruppenstrukturen endlich auch bei den Bürotätigkeiten verwirklichen? Welche Formen von Dezentralisierung sind praktikabel oder empfehlenswert im Bereich der besonders kostenträchtigen produktionsbezogenen Dienstleistungen? Hier spielt nicht zuletzt die alte Frage von Macht und Status (Angestellte versus Arbeiter) eine Rolle. *Problemfeld Büro*

- Welche Karrieremuster sind angesichts der beschränkten Aufstiegspositionen in dezentralen Strukturen überhaupt zu verankern? Wie kann der weiterhin unverzichtbare Führungsnachwuchs für die gewandelten Aufgaben gewonnen *Welche Karrieren für den Führungsnachwuchs?*

> und auf erst künftig erkennbare Notwendigkeiten und Ansprüche vorbereitet werden?
>
> - Welche Bedeutung für die Entwicklung von betrieblichen Perspektiven haben die vielfach zitierten, in Deutschland aber noch nicht so recht greifbaren „virtuellen Unternehmen"? Welchen neuen Anforderungen müssen die Beteiligten genügen?

Denkbar ist es ja durchaus, daß sich in diesem Zusammenhang die Teams nicht mehr als Belegschaft verstehen, sondern als lauter hochspezialisierte, individualisierte Kleinstunternehmer mit besonders entwickelter, digital kompatibler und via Internet abrufbarer sozialer Kooperationsfähigkeit und Koordinationskompetenz.

6.6 Win-Win ersetzt das globale Nullsummenspiel

Lähmendes Denkschema

Von den Spekulationen über virtuelle Unternehmer zurück zu den Perspektiven für jene konkret agierenden Unternehmen, die sich in der weltweit vernetzten Wirtschaft heute und morgen behaupten wollen. Die besondere Nervosität bei der Diskussion um eine Zukunft des Produktionsstandorts Deutschland rührt daher, daß noch allzuviel über rein national definierte Lösungen nachgedacht wird. Immer dem Denkschema der Nullsummenspieler folgend: Was ich will, kannst du nicht kriegen, oder: Wenn du gewinnst, hab ich verloren.

Wesentlich besser vorbereitet auf künftige Turbulenzen, die sich von Fall zu Fall sicher noch zum verheerenden Sturm auswachsen werden, sind diejenigen, die nicht länger in Kategorien des Verdrängungswettbewerbs denken. Sie setzen rechtzeitig, das heißt: ab sofort, mit vollem Risiko aber auch mit allen Chancen auf Innovationswettbewerb. Das bedeutet im Idealfall: Kein Verlust für niemand, nachhaltige Entwicklung und qualitatives Wachstum für alle.

„*Weltoffenheit, globales Verantwortungsbewußtsein und die unbefangene Bereitschaft, von anderen, bisher ganz fremden Kulturen zu lernen, müssen Sache von jedermann werden*", heißt es im Memorandum „Innovation als Wettbewerb", das zum Asien-Europa-Gipfel in Bangkok Anfang März 1996 von *Daimer-Benz-Chef Jürgen Schrempp* und den SPD-Politikern *Gerhard Schröder* und *Siegmar Mosdorf* veröffentlicht wurde. Gemeinsame Forderung: ein „Bündnis für Asien". Nicht etwa, weil „Asien" das nötig hätte, sondern um in Deutschland das dringend notwendige „neue Asien-Verständnis" zu wecken.

Ein „Bündnis für Asien"

Schluß mit der verbissenen Verteidigung einmal erreichter komfortabler Positionen - auf zum Benchmarking, zum Kräftemessen mit den Besten der eigenen Klasse! So die Botschaft. Es mangle uns im Vergleich mit Asien an der Bereitschaft zu kritischer Selbstreflexion. So der psycho-politische Befund. Deutschland brauche dringend einen „Weckruf aus Asien" behauptet auch der amerikanische Trendforscher *John Naisbitt*.

Was die Verfasser des Memorandums ganz nüchtern als Überlegenheit der asiatischen Mentalität definieren, ist die Fähigkeit, „ohne Einbußen im nationalen oder kulturellen Selbstbewußtsein die Leistungen anderer Nationen ohne Vorbehalte zu prüfen und aufzunehmen, was im eigenen sozialen Kontext verwertbar und vernünftig erscheint." Tendenz: Niemand muß aufgeben, alle können gewinnen.

Niemand muß aufgeben

Gute Erfahrungen

Der weltweit operierende *ABB-Konzern* macht bei aller intern geforderten Konkurrenz längst Erfahrungen mit dem immer häufiger zitierten *Win-Win-Prinzip*. Und zwar in ganz unterschiedlichen Zusammenhängen. Etwa als Philosophie hinter dem „Customer-Focus-Ansatz": Volle Orientierung am Kunden-Nutzen, Entwickeln kreativer Speziallösungen aus dem gemeinsamen Knowhow, Gewinnen der Kundentreue. Aber auch im globalen Wettbewerb, wie *K. J. Wilhelm* bei den *Karlsruher Arbeitsgesprächen* Anfang März 1996 erläuterte:

„Voraussetzung für das Erhalten der Rolle der deutschen ABB im Export ist eine positive Haltung zwischen den deutschen und den jeweils lokalen ABB-Gesellschaften. Wenn durch aktive Unterstützung des Technologie-Transfers das Volumen für einfache Produkte lokaler Fertigung erhöht werden kann, erreichen wir gleichzeitig eine höhere Bereitschaft dieser Gesellschaften, sich verkaufsunterstützend auch um komplexe Produkte oder Systeme für die entsprechende deutsche Gesellschaft zu kümmern. Dies führt letztlich zu einer Win-Win-Situation zwischen den traditionell exportierenden Ländern und den aufstrebenden neuen Ländern."

Wer ein Stück abgibt, gewinnt auf höherer Ebene ein größeres dazu. So die Erfolgsphilosophie, global betrachtet. Individuell jedoch ist sie durchaus mit potentiellen Nachteilen behaftet und für viele Firmen mangels Masse als „Spielregel" so leider undenkbar.

Bedenkenswertes Prinzip

Dennoch ist das Prinzip bedenkenswert. *Paul Watzlawick*, der Philosoph, Psychotherapeut und Hochschullehrer, ist nicht nur mit seiner „Anleitung zum Unglücklichsein" berühmt geworden. Er hat auch das Buch „Vom Schlechten des

Guten" und darin über *Patendlösungen* geschrieben. Jene Lösungen also, die nach Watzlawicks Definition so patent sind, daß sie nicht nur das jeweilige Problem, sondern alles damit Zusammenhängende gleich mit aus der Welt schaffen.

Beispiele sind seine brillant-vertrackt erzählten Geschichten verschiedener klassisch-literarischer oder von ihm erfundener Figuren, wie die des jungen Mannes Ide Olog: Der wuchs in der engstirnig-sicheren Welt des Schwarz-oder-weiß, Richtig-oder-falsch, Du-oder-ich auf und empört sich nun über die Schlechtigkeit einer Welt, in der er plötzlich nicht mehr privilegiert ist... *Watzlawicks* Botschaften sind so klar wie notwendig:

- Doppelt so viel ist nicht unbedingt zweimal so gut. Wir brauchen nicht mehr vom selben, sondern etwas anderes.
- Das Gegenteil des Schlechten ist nicht unweigerlich das Gute - es kann durchaus noch schlechter werden. Deshalb lohnt sich die Suche nach dem Dritten jenseits von Entweder-oder, nach den Lösungen, die außerhalb der gewohnten Denk-Trampelpfade liegen.
- Irrwege muß man gehen, um sie zu erkennen. Dann erkennt man, im Idealfall, auch einen Ausweg.

Nicht mehr, sondern anders

Watzlawick hat vor einem Jahrzehnt nicht mit besonderem Blick auf Führungskräfte in Deutschland geschrieben. Individuelle Schlußfolgerungen jedoch sind kurz vor der Jahrtausendwende mit Sicherheit gestattet.

 # Über Trends und Szenarien zu neuen Leitbildern - Zukunftsfähige Industrie dank Ökologie und produktionsnahen Dienstleistungen

*Es fehlt uns nicht an Wissen,
sondern an Phantasie.*
ALBERT EINSTEIN
Physiker & Nobelpreisträger (1879-1955)

„Dritte Welt" auch in Europa. Können Sie sich das vorstellen? „Prasserei und Hungerstod nur zweihundert Meter voneinander entfernt..." Vernetzte Inseln des Reichtums mit modernsten Produktionstechniken, durch Sicherheitsdienste gut geschützt, mit hocheffizienten Informations- und Verkehrstechniken untereinander kommunizierend - umgeben von Wüsten der Armut und des ökologischen Verfalls, von militärischen Auseinandersetzungen und Verteilungskonflikten...

Meinolf Dierkes vom *Wissenschaftszentrum Berlin* hat dieses Szenario entwickelt und ausgebaut zur großen „Käseglocke", unter der die Reichen in einer geschützten Umwelt mit synthetischem Klima leben und produzieren. *„Allerdings heißt diese große Glocke dann nicht Deutschland, sondern Siemens oder Daimler-Benz. Sie ist durch Röhren mit der nächsten größeren Glocke verbunden, die zum Beispiel Olivetti heißen kann. In den Glocken gibt es auch hochtechnisierte*

Landwirtschaft, regenerative Energien und geschlossene Stoffkreisläufe. Zwischen ihnen liegt eine Ökowüste mit den Armen der Welt, die sich dort bekriegen... „

Widerspruch und Gegenszenarien

Sinn solcher Szenarien ist es, die Phantasie zu beflügeln, Fragen, Widerspruch, Gegenszenarien zu provozieren. Wie im *Expertenkreis* ansatzweise geschehen:

- Werden wir in Deutschland überhaupt noch zu diesen „Inseln des Reichtums" gehören - wie können wir den Anschluß halten?
- Die „Ökowüste" wird die Inseln gar nicht leben lassen!
- Wer soll all die Produkte kaufen, wenn es zwischen den Glocken nur noch Wüste gibt?
- Welche Rolle spielen dann die Nationalstaaten? Wie werden oder bleiben sie attraktiv für Investitions- und Produktionsentscheidungen, damit Ressourcen, Kapital, Märkte und Arbeitsplätze gesichert werden können?
- Es dürften sich eher verschiedene regionale Konstellationen mit ihren besonderen Kompetenzkernen, Vorteilen und Machtzentren herausbilden, die unter anderem durch eine gemeinsame Kultur zusammengehalten werden und in vielfacher Hinsicht miteinander konkurrieren.
- Wenn man die Industrie in Deutschland oder in der Europäischen Union als eine dieser Einheiten betrachtet - wie gelingt es dann, eine deutsche oder europäische Einäugigkeit zu verhindern?

Nicht Schicksal, sondern Handwerkszeug

Gewiss ist jedenfalls, daß kein Szenario als unausweichliches Schicksal verstanden werden darf, sondern als „Handwerkszeug" zur Gestaltung der Zukunft genutzt werden soll.

7.1 Auch das Negativszenario gewinnt

Vergleichsweise leicht läßt sich vorstellen, daß mit weltweit zunehmender Einsicht und Bereitschaft zum notwendigen Umweltschutz, also beim allmählichen Übergang in dauerhafte, nachhaltig wirtschaftende Gesellschaftsformen, gute Chancen für die einschlägige Technik aus Deutschland, für Konzepte, Produkte, Anlagen und ganze Systeme bestehen. Stichworte: ökoeffizient, ressourcenschonend, energiesparend. Einsatzbereiche und Wechselwirkungen im Rahmen dieses Positiv-Szenarios sind zum Beispiel absehbar bei Transport - Mobilität - Tourismus; Bodennutzung und Siedlungsstrukturen; Wasser-, Luft-, Lärm- und Müllproblemen in Ballungsräumen.

Positive Wechselwirkungen

Ebenso leicht, allerdings nur widerwillig, kann man sich vorstellen, daß sich die globale Umweltsituation trotz wohlklingender Konferenz-Communiqués weiter verschlechtert. Neben einem verstärkten Druck auf die „Festung Europa" mit allen unerfreulichen Folgen von Einwanderungsquoten über Zollkonflikte bis zu militärischen Interventionen ist absehbar, daß auch unter den Bedingungen dieses Negativ-Szenarios neue Produkte und Dienstleistungen auf neuen Märkten ihre Chancen finden.

Beispielsweise im Umwelt- und Katastrophenmanagement: beim Dammbau oder bei der Entwicklung sturmfester, erdbebensicherer Gebäude und Anlagen. Oder als angepaßte Technologien für verkarstende und Trockenzonen: zur Wasseraufbereitung aus Meerwasser oder Abwässern, bei der Herstellung von Nahrungsmitteln auf biotechnologischer Grundlage, bei der umweltverträglichen Schädlingsbekämpfung. Ein weiteres Negativbeispiel und zugleich lohnendes Aufgabengebiet sind die Folgen der immens zunehmenden Gewässer- und Luftverschmutzung, also die Suche nach Lösungen, die neben der menschlichen Gesundheit auch Kulturdenkmälern, Pflanzen, Tieren, elektronischen Komponenten etc. zugutekommen.

Karl-Friedrich Ziegahn und *Hiltmar Schubert* vom *Fraunhofer-Institut für Chemische Technologie/ICT, Pfinztal* zählen in ihrer Expertise eine ganze Reihe weiterer Beispiele auf, die insbesondere auch dem Anspruch von „High-Tech zum Low-Cost-Tarif" genügen sollen:

High-Tech zu geringen Kosten

- einfache photovoltaische Anlagen statt weiterer Waldvernichtung aus purer Not: zum Kochen, zum Betrieb von Brunnen, zur Kommunikation;
- wartungsarme Landmaschinen oder das sogenannte Busch-Fahrrad als energieeffizientes und robustes Verkehrsmittel;
- Systeme und Geräte zur Gewinnung und Nutzung von Sonnen-, Wasser- oder Windkraft und von Trinkwasser;
- das sogenannte High-Tech-Trockenklo zur umweltverträglichen und hygienisch sicheren Verwertung von Exkrementen;
- technische Entwicklungen, die einerseits den Ausstoß von Schadstoffen verringern, andererseits vor Schadstoffeinwirkungen schützen, zum dritten die Anfälligkeit von technischen Anlagen oder Geräten gegenüber Schadstoffen reduzieren.

Konzeptionen für dual use

Das Bemerkenswerte an solchen und vielen weiteren Aufgaben: Sie sind unter positiven wie negativen Umweltvoraussetzungen dringend nötig. Die Lösungen werden doppelt nützlich und auf den Märkten erfolgreich sein, wenn sie gleich für „dual use" konzipiert werden.

Ziegahn und *Schubert* diskutieren nicht, ob es tatsächlich gelingen wird, Ozonabbau und Treibhauseffekt rechtzeitig zu bremsen. Doch sie sind überzeugt: „*Für eine zukunftsorientierte Unternehmensstrategie ist es in jedem Fall überlebensnotwendig, sich sowohl mit den Produkten für das Positiv-Szenario als auch mit den Anforderungen aus dem Negativ-Szenario auseinanderzusetzen. Daß wir das erste wünschen, darf uns nicht daran hindern, das zweite zu bedenken.*"

Neben erschwinglicher High-Tech für die armen Länder des Südens und die Mega-Städte des nächsten Jahrtausends steht auf dem Wunschzettel, der innovativen, praxisnahen Erfindern vorgelegt wird, auch einiges für europäische Breitengrade und Lebensverhältnisse. Vorschläge zur Rüstungskonversion oder sicherer, schneller, wenig belastender Daten-, Personen- und Güterverkehr werden erwartet, umweltfreundliche Energiegewinnung samt dem legendären „3-Liter-Auto", auch „Bio-Diesel", Wasserstoff-Antrieb oder Solar-Mobile sind gefragt.

Manche Projekte stehen nach jahrelangen Verhandlungen um das in Deutschland viel zu knappe Venture-Kapital tatsächlich kurz vor der Großserie. In diesem Stadium geht es vor allem um marktbezogene Kreativität und weiteren Erfindungsreichtum in puncto Geldquellen. Wie Hohn allerdings müssen alle Appelle an Kreativität, Risikobereitschaft und Eigeninitiative in den Ohren von Menschen wie *Thomas Albiez* klingen. Der Erfinder des Elektroautos „Hotzenblitz" stand trotz TÜV-Zulassung und festen Vorbestellungen

Probleme wegen fehlendem Risikokapital

Anfang August 1996 nach dem plötzlichen Rückzieher seiner Finanziers wirtschaftlich am Ende: zwischen 8 und 9 Millionen Mark Schulden, Konkursverfahren mangels Masse abgelehnt! Besonders bemerkenswert sind in diesem Zusammenhang die Argumente, mit denen dem Pionier die bundesministerielle Unterstützung versagt blieb. Da hieß es anfangs: „Überlassen Sie das lieber den Großen..." Und fünf Jahre später: „Tut uns leid... Förderung unmöglich ... Sie sind schon zu weit..."

7.2 Megatrends im Wandel

Anfang der achtziger Jahre formulierte *John Naisbitt* seine „Megatrends":

1. Die Industriegesellschaft wandelt sich zur Informationsgesellschaft.
2. Natur und zwischenmenschliche Kontakte gewinnen wieder an Bedeutung gegenüber der Technik.
3. Durch zunehmende Verflechtung der Wirtschaftsnationen verlagert sich das Gewicht von den nationalen Ökonomien zur Weltwirtschaft.
4. Kurzfristig angelegte Geschäftsorientierung macht Platz für längerfristige Konzepte.
5. Von der Zentralisierung zur Dezentralisierung - mit Profit-Zentren, teilautonomen Arbeitsgruppen, mehr Basis- und Kundennähe.
6. Von der Amts- zur Selbsthilfe - sowohl aus Geldmangel in den öffentlichen Kassen, als auch aus Mißtrauen gegenüber staatlicher fürsorglicher Bevormundung.
7. Von der repräsentativen zur partizipativen Demokratie - mit Delegation von Entscheidungen und mehr Mitbestimmung.

Von den Megatrends der 80er Jahre zur Realität heute

8. Von hierarchischen zu vernetzten Strukturen - im Bewußtsein wechselseitiger Abhängigkeit und mit mehr Eigenverantwortung im Rahmen von Lean Management.
9. Von der Dominanz des „Nordens" zu mehr Aufmerksamkeit für die Länder des „Südens".
10. Vom Dilemma des Entweder-Oder zur Verwirrung angesichts der Vielfalt von Entscheidungsmöglichkeiten.

Nach knapp anderthalb Jahrzehnten sind die meisten der damaligen Megatrends alltägliche Selbstverständlichkeit geworden. Zumindest theoretisch. Die dahinterstehenden Ansprüche werden bei weitem noch nicht immer erfüllt. Deshalb - oder trotzdem - wird es Zeit, den Blick auf die Sammlung der Naisbitt'schen „*Megatrends 2000*" zu werfen.

Ansprüche bleiben unerfüllt

Diese stichwortartigen Begriffe wurden Ende 1993 bei der Vorstellung europäischer Lernstrategien für die Zukunft am Beispiel „Innovationen in der Automobilindustrie" in Gaggenau von Bildungsforschern, Bildungsplanern und Praktikern der Berufsbildung diskutiert, kommentiert und ergänzt.

Megatrends 2000

1. Wirtschaftsboom ohne nationale Grenzen
2. Renaissance der Kunst
3. Marktwirtschaftlicher Sozialismus
4. Kosmopolitischer Lebensstil und kultureller Nationalismus
5. Privatisierung des Wohlfahrtsstaats
6. Aufstieg der Pazifikregion
7. Frauen an der Macht
8. Ära der Gen- und Biotechnologie

9. Religiöse Erneuerung im dritten Jahrtausend

10. Triumph des Individuums

Ergänzungen:

11. Entwicklungsland BRD

12. EU gegen den Rest der Welt

13. Arbeitslosigkeit trotz Qualifikation

14. Müllberge

Kommentare anno 1993: Punkt 7 passiert wohl frühestens im Jahr 4000 - aber wenn, dann passieren auch 1, 2, 3 & 10 - wenn nicht, dann 5, 8 & 9.

Nicht erwähnt und nicht diskutiert wurde damals, was im Expertenkreis zwei Jahre später als eine der großen Herausforderungen gesehen wurde: *Bernd-Dietmar Becker* von *AESOP-Consult* in Stuttgart forderte: „Wir müssen von den herkömmlichen Formen des Konkurrenzdenkens wegkommen, die uns nur blind gegenüber den eigentlichen Aufgaben machen. Unsere Zukunft und Wettbewerbsfähigkeit kann nicht mehr auf eine bestimmte Technologie gegründet werden. Die große Entdeckung wird es sein, zu erkennen, welche Kräfte, Mechanismen und Regelkreise samt ihren Puffern und Zwängen die Leistungsfähigkeit einer Volkswirtschaft ausmachen."

Auf der Suche nach der Meta-Erfindung

In diesem weltweiten Netz müsse Deutschland seine international glaubwürdige Rolle finden, damit gemeinsam mehr Wohlstand, mehr Erfolg, mehr Ordnung zu schaffen sind. *„Diese Rolle wird von einer Art Meta-Erfindung abhängen - davon, daß wir in der Lage sind, die übergeordneten und vielfach verflochtenen Probleme zu lösen - dann wären wir keine alte Industrienation, sondern eine mit großem Vorsprung vor allen anderen."*

7.3 Spannungsfelder und Perspektiven

Der jüngste Bericht des *Club-of-Rome* mit seinem Untertitel „Vom Bruttosozialprodukt zum Ökosozialprodukt" ist ein Plädoyer gegen trügerische Zahlenspiele, für den Mut zu neuen Begriffen und Denkansätzen. Es ist tatsächlich paradox: Die derzeit gewichtigsten wirtschaftlichen Indikatoren belegen, daß es uns gut geht - zugleich verfällt die Natur, mangelt es an Mitteln für kulturelle, soziale, bildungspolitische Grundaufgaben und es wächst die Zahl derer, die mit ihren ganz normalen Verdiensterwartungen als „zu teuer" abgestempelt und in eine unabsehbare Arbeitslosigkeit entlassen werden. *„Das Verspielen der Zukunft darf nicht länger als Wohlstandsgewinn deklariert werden"* - so die Botschaft des Club-of-Rome.

Ähnlich argumentiert *Rolf Kreibich* vom *Institut für Zukunftsstrategien und Technologiebewertung / IZT* in Berlin: Es sei unverständlich und unsinnig, einen Weg als „Fortschritt" zu bezeichnen, auf dem sich ganz offensichtlich alle mehr Schaden zufügen als langfristigen Nutzen. Die Sackgasse des nicht-ökologisch Wirtschaftens müsse dringend verlassen werden. Denn, so *Kreibich*, „die volkswirtschaftlichen Kosten sind horrend":

Schaden für alle ist kein „Fortschritt"

- Gefährdung des Wirtschaftsstandorts durch Innovationsblockaden,
- Fehlsteuerung von Investitionsmitteln und Qualifikationspotentialen,
- Erhöhung der ökologischen und sozialen Belastungspotentiale und nicht zuletzt
- Chancenminderung für zukunftsorientierte neue Arbeitsplätze.

"Wir leben vom Kapital anstatt von den Zinsen." Wer auf diesem Weg nicht weiterstolpern will, kann sich von den Argumenten für das langfristige und umfassende Konzept der Kreislaufwirtschaft (Sustainable Economy) anregen lassen. Alle Innovationskraft, alle politischen Weichenstellungen und wirtschaftlichen Initiativen sollten sich darauf richten, völlig neue Verfahren und Produkte mit Blick auf dieses Ziel zu entwickeln.

Meinolf Dierkes kommt beim Weiterverfolgen des „Käseglocken-Szenarios" zur Prognose, daß außerdem relativ wichtige Markterfolge mit der „gesamten Technik zur Sicherung des Reichtums und der Reichen" zu erzielen sein werden - weniger durch die Einsätze von Bodyguards, als vielmehr durch Emissions- und Immissionsschutz. Das „Schützen der Individuen in den reichen Gegenden und Schützen der reichen Gegenden vor Umwelteinflüssen aus den armen (oder den sich rasch industrialisierenden) Gegenden" könnte ein ebenso wichtiges Marktsegment werden wie leistungsfähige Kommunikationsnetze oder Technologien zum Gewinnen von Energie bei geringer Umweltbelastung.

Markterfolge mit Schutz für die Reichen

Diese „beschützende" Perspektive hat freilich bei allem Pragmatismus einen zynischen Beigeschmack. Wenn sich tatsächlich Schritt für Schritt ein weltweites, ganzheitliches Bewusstsein dafür entwickeln soll, daß Ressourcen und Belastbarkeit des „Raumschiffs Erde" begrenzt sind, darf sich weiterer Wohlstand der einen nicht auf ewiges Elend der andern gründen. Blanke Existenznot lässt den Menschen keine Chance zur eher postindustriellen Einsicht in die Notwendigkeit von Verzicht.

Solange das Wohlstandsgefälle sogar noch wächst, ist ein Verdacht schwer auszuräumen: Alle wohlklingenden ökologischen Resolutionen und globalen Programme zum gemeinsamen Wohlergehen dienten letztlich doch nur dazu, den prekären Abstand im Spannungsfeld zwischen industrialisierten und aufholenden Gesellschaften auch weiterhin zu wahren.

Schwer auszuräumender Verdacht

Die Studie „Zukunftsfähiges Deutschland", erstellt vom *Wuppertal Institut* im Auftrag von BUND und MISEREOR, nennt drei Gründe, warum die Industrieländer und nicht „die andern" mit der ökologischen Erneuerung beginnen müssen:

- Seit 200 Jahren und bis auf weiteres werden hier die schlimmsten Umweltschäden verursacht,
- hier stehen erheblich mehr technische und finanzielle Mittel zur Verfügung und
- unsere Lebensweise gilt als Vorbild in den Ländern des Südens - zum Guten wie zum Schlechten, allerdings mit beträchtlicher Verzögerung.

Bei global nachhaltiger Entwicklung oder ökologischer Marktwirtschaft muß es sich ja keineswegs um Altruismus pur handeln. Umweltschutzgesetze haben in Deutschland bereits zu Spitzenergebnissen in der Umweltschutztechnik geführt - und zu einem Weltmarktanteil von über 20 Prozent in guten Jahren. *Ziegahn* und *Schubert* argumentieren: *„Deutschland kann und sollte die Technologieführerschaft beim ressourcenschonenden Produzieren übernehmen - das ist angesichts der gesellschaftlichen Entwicklungen nicht nur notwendig, sondern erscheint plausibel."* Und, so ist hinzuzufügen, es wird zur Standortsicherung ebenso beitragen wie zur internationalen Wettbewerbsfähigkeit.

Kein Altruismus pur

Positive Spannungsfelder nutzen

Positive Spannungsfelder lassen sich beispielsweise auch ausbauen und nutzen im Verhältnis zwischen Ökologie und wieder aufgewerteter menschlicher Arbeitskraft, im Bereich Informations- und Sensortechnik für die Produktion, bei der wachsenden Vielfalt produktionsnaher Dienstleistungen, im Rahmen der sogenannten dematerialisierten Infrastrukturpolitik (sichere Energieversorgung mit weniger Kraftwerken, Wohnen mit weniger Umweltverbrauch, Mobilität mit weniger Straßen), kurz: im anspruchsvollen Kontext der Kreislaufwirtschaft mit ihren vielen Einzelaspekten.

7.4 Visionen für Kreislaufwirtschaft und Logistik

Was *Bernd-Dietmar Becker* sich als Meta-Erfindung zur Sicherung deutscher Wettbewerbsfähigkeit gewünscht hat, nimmt bei *Rolf Kreibich* bereits Konturen an. *„Der nachhaltige Umgang mit Stoff-, Energie- und Schadstoffströmen ist schon lange kein lokales oder nationales Problem mehr und keine Angelegenheit einzelner Legislaturperioden - wir müssen die weltweit vernetzten Zusammenhänge und Wirkungsketten lokaler und regionaler Ressourcennutzung begreifen lernen und die langfristigen Folgen einbeziehen."* Dieser generell wachsenden Einsicht steht seine Einschätzung gegenüber, daß *„die derzeitigen wirtschafts- und innovationspolitischen Versäumnisse und Fehlsteuerungen in Deutschland die noch vorhandenen Spitzenpositionen in wichtigen Zukunftstechnologien und Innovationsfeldern aufs Spiel setzen."*

Spitzenpositionen aufs Spiel gesetzt

Manager tun in dieser Situation gut daran, ihre Strategien trotz allem nicht auf reine Rationalisierungsinvestitionen zu beschränken. *Kreibich* nennt sieben Vorteile einer solchen Unternehmenspolitik:

1. Ökologieorientierte Technologien und Innovationen werden immer stärker zum strategischen Produktionsfaktor. Das bedeutet: Kosten- und Wettbewerbsvorteile, zumindest mittelfristig und auf lange Sicht.
2. Gewachsenes Umweltbewußtsein, Bürgerinitiativen und Gesetze werden dazu führen, daß künftig nicht die immer noch größeren und leistungsstärkeren Produkte die Märkte bestimmen, sondern intelligentere und effizientere. *Nicht größer, sondern intelligenter*
3. Die am schnellsten und effektivsten wirksame Innovationsstrategie ist immer die selbst organisierte, nicht die durch Gesetze oder bürokratische Kontrollsysteme aufgezwungene.
4. Wissenschaftlichen Untersuchungen zufolge sind jene Unternehmen am Markt besonders erfolgreich, die aus eigener Initiative, flexibel und mit hochmotivierten, kreativen Belegschaften die ökologischen Herausforderungen annehmen.
5. Darüber hinaus zeigt die Praxis, daß mit dem Grad des ökologischen Engagements nicht nur Einfallsreichtum und Begeisterung der Mitarbeiter zunehmen: Mit ihrer Motivation steigt zugleich die Qualität der Produkte. *Mit der Motivation steigt die Qualität*
6. Einspareffekte bei Rohstoffen und Energie, Vermeidung, Verminderung und „Entmaterialisierung" von Transporten führen unmittelbar zu Kosten- und Wettbewerbsvorteilen.
7. Wer klug ist, berücksichtigt und vermeidet schon ab sofort die Ursachen für künftigen fi-

nanziellen Druck wegen der sprunghaft steigenden Entsorgungskosten. Mit ökologischen Produktionsverfahren und Produkten, verbunden mit der jeweils passenden Logistik für Organisation, Fertigung und Verteilung, wird der notwendige Strukturwandel möglich.

Erfolgreiche Wirtschafts-, Management- und Produktionsformen lassen sich nicht erzwingen, sondern nur gemeinsam gestalten. Mündige Mitarbeiterinnen und Mitarbeiter, motivierende Manager und das gute Beispiel von Mutter Natur sind geradezu ideale Voraussetzungen für eine zukunftsfähige Wirtschaftsweise. Das gilt für die Weiterverwertung von Abfällen wie für die Nutzung von Sonnenenergie, Wind und Wasser. Es gilt bei der Suche nach dem dynamisch-förderlichen Gleichgewicht zwischen Wettbewerb und Zusammenarbeit und nicht zuletzt beim Schutz von Vielfalt und Eigenständigkeit.

Das gute Beispiel von Mutter Natur

Kreislaufwirtschaft bedeutet weit mehr als Resteverwertung und Pseudo-Rezepte à la „Grüner Punkt". Systemweite Produktverantwortung bis hin zur Rücknahme am Ende der Gebrauchszeit (z.B. eines Autos oder Fernsehapparats) gehört ebenso dazu wie Design nach dem Baukastenprinzip und - als wichtige Voraussetzung - eine Reihe von Produktkriterien wie demontierbar, langlebig oder schadstoffarm.

Systemweite Verantwortung, modulares Design

Im *Expertenkreis* wurde als Beispiel für das Wirtschaften in Kreisläufen eine Problemlösung für medizinische Einmalprodukte, etwa Einwegspritzen oder Beatmungsschläuche, vorgestellt: vom Abholen der gebrauchten Teile (Sammellogistik) über Desinfektion und automatische Demontage plus Stofftrennung bis zur Herstellung von Folgeprodukten, die wiederum höchsten Hygienestandards entsprechen.

Im Rahmen von „Produktion 2000" läuft, koordiniert vom *Fraunhofer-Institut für Systemtechnik und Innovationsforschung/ISI*, neben vielen anderen ein Projekt unter dem Titel „Entwicklung industrieller Konzepte zur Nutzungsintensivierung und Lebensdauerverlängerung von Produkten". Das Ziel: Chancen und Potentiale der neuen Produktions- und Wirtschaftskonzepte (ökologische Stoffwirtschaft) herauszuarbeiten. Im folgenden Schaubild sind die unterschiedlichen Kreislauf-Strategien verdeutlicht.

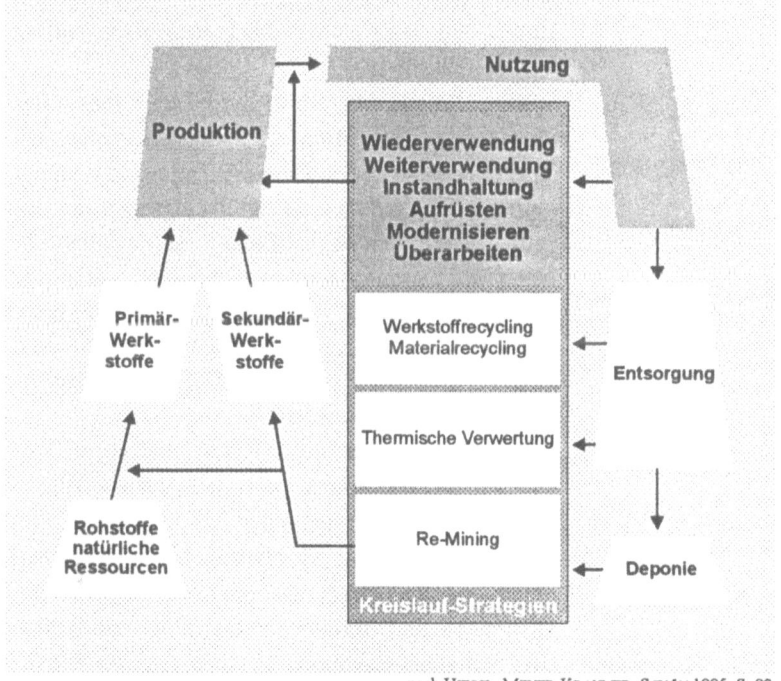

nach HIESSL, MEYER-KRAHMER, SCHÖN 1995, S. 92

ABB. 7.1: INDUSTRIELLE KONZEPTE ZUR NUTZUNGSINTENSIVIERUNG UND ZUR VERLÄNGERUNG DER LEBENSDAUER VON PRODUKTEN

Kein Zweifel: Ökologische Leitbilder müssen komplexe Sachverhalte berücksichtigen. In vielen

Öko-Leitbilder und komplexe Zusammenhänge

Einzelphasen geht es darum, Herstellungsprozesse zu optimieren, geeignete Werkstoffe auszuwählen, Zerlegeverfahren zu entwickeln, logistische Voraussetzungen zu schaffen oder Bewertungskriterien zusammenzustellen.

Daraus ergeben sich neue Strukturen, die wiederum die Gesellschaft prägen. Das führt dazu, daß ein weiter zunehmendes Umweltbewußtsein hierzulande auf verschärfte wirtschaftliche Erfordernisse in einem turbulenten Umfeld trifft, und die Handelnden sich schier unerfüllbaren gesellschaftlichen Ansprüchen gegenüber sehen. („Wir wollen alles - und zwar sofort! Aber ökologisch soll es sein - und billig"!)

Projekte schaffen Vorsprung an Kompetenz

Das Projekt „*Vision Logistik*" im Rahmen des Programms „Produktion 2000" beispielsweise zielt in die Lücke zwischen Ökonomie und traditioneller Logistik auf der einen Seite, Ökologie auf der anderen. Dabei geht es nicht allein um nachahmenswerte Beispiele, sondern auch um einen Vorsprung an Kompetenz, von dem wiederum „vermarktbare Produkte" wie Konzepte, Informationstechnik und ganz neue Ansätze zur Entwicklung von Logistiksystemen erwartet werden.

Einer der krassesten Zielkonflikte ergibt sich hier im Zusammenhang mit der „Just-in-Time"-Philosophie: trotz präzisester Absprachen flexibel und navigationsfähig zu bleiben, Umweltgesichtspunkte mit preislichen wie zeitlichen Vorgaben abzustimmen und darüber hinaus Wege zu finden, wie Mitteleinsatz durch den Einsatz von Intelligenz und Informationstechnologie reduziert werden kann. Ohne ein sehr bewußtes Lösen aus traditionellen Denkmustern, Betriebsstrukturen und individuellen Verhaltensweisen wird das Ziel nicht zu erreichen sein.

Sehr bewußtes Lösen aus alten Mustern

7.5 Ökologie, Politik und ein Come-back für den Faktor Arbeit

Internationale Wettbewerbsfähigkeit, ökologische Wirtschaftsprinzipien, die Zukunftsfähigkeit von Unternehmen und von Individuen - das muß kein Vierecksverhältnis im permanenten, unauflöslichen Widerspruch sein. Die Studie *„Zukunftsfähiges Deutschland"* beispielsweise zeigt gerade die Verbindung von wirtschaftlicher Konkurrenzfähigkeit und Umweltverträglichkeit als jenen Weg auf, der weder in die ökonomische Krise noch ins ökologische Desaster (oder gar in eine Kombination aus beiden) führt. Entscheidend für den nachhaltigen Erfolg ist - neben Engagement und Sachverstand - ein verläßlicher politischer Rahmen in Form von verbindlich vereinbarten Umweltzielen und gesetzlichen Vorgaben.

Verläßlicher politischer Rahmen

KRITERIEN	INTERNATIONAL NICHT WETTBEWERBSFÄHIG	INTERNATIONAL WETTBEWERBSFÄHIG
ÖKOLOGISCH NICHT ÜBERLEBENSFÄHIG	Wirtschaftskrise und Umweltkrise	Umweltkrise
ÖKOLOGISCH ÜBERLEBENSFÄHIG	Wirtschaftskrise	Zukunftsfähigkeit

nach WUPPERTAL INSTITUT *„ZUKUNFTSFÄHIGES DEUTSCHLAND"* 1995

ABB. 7.2: ÖKONOMISCHE UND ÖKOLOGISCHE KOMPONENTEN DER ZUKUNFTSFÄHIGKEIT

Dieser Überzeugung sind im übrigen längst nicht mehr allein die seit über einem Jahrzehnt gern belächelten „alternativen Spinner". Anfang Februar 1996 beispielsweise gründeten in Brüssel Vertreter von 18 namhaften Firmen aus verschiedenen Ländern Europas „*E hoch 5*", den „*European Business Council for a Sustainable Energy Future*".

E⁵ als loses Bündnis

Das lose Bündnis hat im Namenskürzel seine Ziele fest verankert: Effizienz, Energie, Economy (Wirtschaft), Environment (Umwelt) und Employment (Beschäftigung). Einig sind sich die Manager in ihrer Einschätzung, daß die noch vorherrschende Wirtschaftsweise ihre künftigen Unternehmenserfolge massiv behindert.

Einig sind sie sich (lt. Bericht der taz vom 9.2.1996) im Selbstverständnis als „technische Opposition innerhalb des Big Business" und in der Wahl ihrer wichtigsten Bündnispartner, nämlich Umweltorganisationen und Gewerkschaften. Politische Rahmenbedingungen von Ökosteuern bis Kartellrecht, Kreislaufwirtschaftsgesetz, Elektronikschrott- oder Verpackungsverordnungen und manches mehr wollen sie mitgestalten. Umweltorientierte technische Standards sollen eingeführt, die Wettbewerbsfähigkeit alternativer Technologien gestärkt und die Potentiale für sinnvolle, rentable und befriedigende Arbeit aufgezeigt werden.

Ökologische Offensive als Regierungsprogramm

Eine „ökologische Offensive" versprach im Mai 1996 sogar eine deutsche Regierung: die rot-grüne Koalition in Schleswig-Holstein. Gemäß der Erkenntnis „ohne umweltbewußtes Handeln keine wirtschaftlich sichere Zukunft" soll das Ringen um Wettbewerbsfähigkeit und Arbeitsplätze zu einem wesentlichen Teil mit ökologischen Argumenten und Initiativen gewonnen werden.

Schon knapp einen Monat zuvor hatte sich eine Enquête-Kommission des Deutschen Bundestages entschlossen gezeigt, „dem Kartell der Bremser beim Umweltschutz" entschieden entgegenzutreten. Nachhaltiges Wirtschaften, also der Verzicht darauf, zu Lasten künftiger Generationen heute

Profite einzufahren, sei als Ideal zwar bekannt, werde jedoch allzu selten praktiziert, bemängelte *Marion Caspers-Merk*, die Vorsitzende der Kommission „Schutz des Menschen und der Umwelt". Mehr als eine Million Arbeitsplätze, so die Einschätzung der Kommission, könnten in absehbarer Zeit vom Umweltschutz abhängig sein. Das Argument, Umweltschutz koste Arbeitsplätze, treffe nicht zu.

Ein fundiertes Plädoyer unter dem Titel „Come-back für den Faktor Arbeit" hielt *Hans Gerhard Mendius* bereits 1994 im Rahmen einer Tagung des Arbeitskreises *Sozialwissenschaftliche Arbeitsmarktforschung / SAMF e.V.* Eine seiner Thesen: Wenn es gelingt, eine Reihe von Benachteiligungen zu beseitigen, die in den vergangenen Jahren zum Rückgang arbeitsintensiver Tätigkeiten geführt haben, könnte über produktive und produktionsnahe Arbeitsplätze hinaus noch mehr gewonnen werden. Es würden auch „ökologisch akzeptablere Formen des Wirtschaftens" (Stichworte: Wiederverwerten, Weiterverwerten, Zerlegen, Rückgewinnen, Aufbereiten) möglich. Dabei ist keineswegs davon auszugehen, daß arbeitsintensive Produktionsformen notwendigerweise „Low-Tech"-Varianten sein müssen.

Faktor Arbeit nicht nur für „Low-Tech"

Nicht zuletzt ergäbe sich dabei eine besonders bemerkenswerte Variante der Wiedergewinnung: Jene „älteren" Arbeitnehmer (also bereits Vierzigjährige), die in der Vergangenheit bei der Zusammenstellung sogenannter olympiareifer Mannschaften in den Betrieben keine Chance hatten, könnten ihr Selbstbewußtsein wiederfinden - und die Unternehmen gewännen jenes Detail- und Erfahrungswissen zurück, an dem es ihnen schmerzlich mangelt, sobald es darum geht, über ausgefeilte Produkte hinaus auch produktbezogene oder produktionsnahe Dienstleistungen anzubieten.

Selbstbewußtsein und Erfahrungswissen

7.6 Neue Dienstleistungen, Leitbilder und Chancen

Das vertraute Wort Dienstleistungen wird zunehmend zum schillernden Begriff mit vielen Facetten, weit über Friseur und Masseuse, juristische oder Restaurantfachkräfte hinaus. Die seit langem geplante kommunale Verwaltungsreform bei der Stadt München beispielsweise hat das erklärte Ziel, die „Vollzugsverwaltung" in ein „Dienstleistungsunternehmen" umzubauen. Schon jetzt werden in 15 Pilotprojekten die bislang allenfalls als antragsberechtigt wahrgenommenen Bürgerinnen und Bürger als „Kunden" behandelt. Umdenken also auch hier. Im holländischen Tilburg, international gern zitiertes Vorbild, sind mehr Eigenverantwortung der Beschäftigten und mehr Bürgernähe bereits Wirklichkeit und Dienstleistungen zu „Produkten" geworden. Das Wichtigste aber: „Wir setzen mehr Vertrauen in die Menschen als in vorgegebene Bürokratie und Strukturen", sagt *G. Jan Wolter*, jahrelang „Manager für Konzerncontrolling der Stadt Tilburg".

Dienstleistungen als „Produkte"

Im weiten Bereich von Multimedia und virtueller Realität reichen die professionellen Dienstleistungen von der computerunterstützten Personalschulung über projektbezogene Telekooperationen bis zur Entwicklung von Instrumenten für die Fertigung in „virtuellen Fabriken" (etwa als Zulieferung für die Automobilindustrie).

Untersuchungen des Bundesinstituts für Berufsbildung/BIBB und des Instituts für Arbeitsmarkt- und Berufsforschung/IAB vermitteln interessante Zusammenhänge:

- Seit 1973 ist die Zahl der Erwerbstätigen in personen-, gemeinschafts-, verteilungs-, unter-

nehmens- oder haushaltsbezogenen Dienstleistungsberufen um vier Millionen oder knapp 30 Prozent gestiegen.
- Damit arbeiten heute fast 70 Prozent aller Beschäftigten im Dienstleistungsbereich einschließlich den technischen Berufen: von Alten- und Kinderpflege, Wissenschaft, Medien und Unterhaltung über Sicherheitsdienste, Beratung oder Marketing bis zu Forschung und technischer Planung.
- Darüber hinaus verrichtet jede sechste Person in Fertigungsberufen im wesentlichen Dienstleistungsaufgaben; mindestens jede zweite in Handwerk und Industrie tut das gelegentlich.

Service-Aufgaben in Handwerk und Industrie

Die vielversprechende Entwicklung steckt im dritten Punkt: Die Grenze zwischen Fertigung und Dienstleistung wird fließend, Entwicklungs- und Wettbewerbsvorteile sind genau hier zu finden. Es geht darum, „Teile plus..." zu produzieren, und damit den entscheidenden zusätzlichen Kundennutzen zu bieten.

Ganz im Gegensatz zur weitverbreiteten These, Deutschland könne in der globalen Konkurrenz nicht als Produktions-, sondern allenfalls als Dienstleistungsstandort bestehen, ist der *Expertenkreis* überzeugt, daß für einen Großteil der deutschen Industrie die eine oder andere existenzsichernde Lösung im Rahmen der fertigungsnahen und Tele-Dienstleitungen liegt.

Produktionsnahe und Tele-Dienstleistungen

Es kann nicht darum gehen, auf den immer schärferen internationalen Wettbewerb in der Form zu reagieren, daß Produktion „einfach" durch Dienstleistung ersetzt wird. Solch ein Entweder-Oder wäre nichts als eine weitere *Patendlösung* im *Watzlawick*'schen Verständnis. Es geht um Ergänzung, nicht um Verdrängung oder Austausch.

Ergänzung, nicht Ersatz

Die Dienstleistungsgesellschaft in Deutschland braucht leistungsfähige und innovative Produktionsbetriebe unterschiedlicher Größenordnung als Nährboden und als Motor. Die berühmte Standortfrage läßt sich nicht ein für alle Mal „richtig" beantworten, denn die strategischen Entscheidungen in den Unternehmen fallen mit Blick auf Rahmenbedingungen, Risiken und Chancen, die im Verlauf tiefgreifender Veränderungen ständig neu „richtig" erkannt und bewertet werden müssen.

Ralf Reichwald und *Kathrin Möslein* unterscheiden zwischen „flüchtigen" und „gebundenen" Dienstleistungen - raumgebundenen (von Reinigung bis Hotel und Feuerwehr), personengebundenen (von der Ärztin bis zum Streetworker) und sachgebundenen (z.B. von Konstruktion bis Vertrieb in der Wertschöpfungskette). Als zunehmend „flüchtig" erweisen sich besonders die sachgebundenen Dienstleistungen, dank Multimedia.

Damit sie dennoch ihre Rolle bei der Zukunfts- und Standortsicherung spielen können, ist neben hohem und aktuellen Informationsgehalt von entscheidender Wichtigkeit, wie intensiv Know-how und Kreativität der jeweils Dienstleistenden genutzt werden. Kurz und wohlbekannt: Auf die Köpfe kommt es an! Ganz besonders dann, wenn Hochlohn-Dienstleistungen und Sozialstaat erhalten werden sollen, wenn nicht ein rein zahlenmäßiges „Beschäftigungswunder" das Ziel ist und eine gleichzeitig wachsende Verelendung in Kauf genommen wird. Informationsdienstleistungen, industriellen und fertigungsnahen Dienstleistungen gehört also die Zukunft. Sie sind

- der Produktion vorgelagert, wie technische Planung, Forschung und Entwicklung, einschließlich der Suche nach zusätzlichem, vermarktbarem Kundennutzen auch bei sogenannten Einfachteilen;

Flüchtig oder gebunden

Sozialstaat statt „Beschäftigungswunder"

- prozessbegleitend, wie Logistik, Aus- und Weiterbildung;
- der Sachgüterproduktion nachgelagert, wie Marketing, Beratung, Betreuung und die große Vielfalt zusätzlicher Services.

Damit lassen sich erfolgsversprechende Wechselbeziehungen zwischen Produktions- und Dienstleistungsstandort enger knüpfen. Auf den globalen Märkten mit ihrer besonderen Dynamik können sich Unternehmen mit komplexen Leistungsprogrammen am sichersten behaupten, wenn sie

Erfolgsversprechende Wechselbeziehungen

- mit wissensorientierten und produktionsnahen Dienstleistungen Hand- und Kopfarbeit integrieren;
- die tayloristische, zunehmend wettbewerbsschädliche Arbeitsteilung samt produktivitätsorientierter Rationalisierungen ersetzen durch prozeßorientierte, innovative und reaktionsschnelle Organisationskonzepte;
- die vielbeschworene Kundenorientierung auch auf betriebsinterne Beziehungen zwischen den mehr oder weniger eigenständigen Einheiten ausweiten und
- wenn es parallel dazu gelingt, die Erfolge der dezentralisierten Module mit eigenen Entscheidungskompetenzen und eigener Ergebnisverantwortung ohne vielschichtige neue Hierarchien zum gemeinsamen Vorteil zu koordinieren.

Die in Kapitel 1 vorgestellten „neuen Leitbilder" lassen sich also durch einige Fragen und Überlegungen ergänzen. *Lutz von Rosenstiel* empfiehlt die Suche nach „*Aufgaben, bei deren Lösung wir nicht nur andere kopieren müssen und deshalb bestenfalls Zweiter werden*". Industrie- und Bildungssoziologen wie *Burkart Lutz* empfehlen, bei der Frage nach den jeweils eigenen Stärken das

Ergänzende Überlegungen

„*Strategiepotential sehr viel mehr auf der Ressourcenseite zu suchen und bei der Fähigkeit, diese Ressourcen zu mobilisieren, als in Technologien, bei denen Unsicherheit und Turbulenz viel zu hoch sind.*"

Viele Manager, Wissenschaftler und Forscher verfolgen als Nicht-Deutsche die Entwicklung in der Bundesrepublik mit Sympathie und Interesse. Dabei registrieren sie erstaunt, mit wieviel Selbstzweifeln und Zukunftsängsten die „tüchtigen Deutschen" sich plagen. Beispielsweise *Lawrence J. Delaney*, Bereichsleiter Umwelt beim technisch-wissenschaftlichen Dienstleistungsunternehmen *Industrieanlagen-Betriebsgesellschaft/IABG* in Ottobrunn: „*Sie machen sich so unglaublich viele Sorgen! Trotz höchster akademischer Qualifikationen trauen Deutsche sich - Ausnahmen bestätigen die Regel - nicht so viel zu wie beispielsweise Amerikaner. Sie setzen auf Perfektion, auf Erfolg durch Top-Position und Macht. Wir setzen auf Versuche plus Verbesserungen, auf Erfolg durch Konsens und auf Verhandeln zum beiderseitigen Vorteil.*"

Der Zukunftsforscher und frühere IBM-Manager *John Hormann* sieht weitere Gründe: „*Diejenigen, die sich um die ökonomischen Aspekte kümmern, haben am tieferen Sinn der Ökologie wenig Interesse, und diejenigen, die sich um die Umwelt sorgen, haben in der Regel wenig Kompetenz und Verständnis für Ökonomie... Es grassiert die Schuldsuche, die das Lernen aus Fehlern verhindert und Scheu vor Risiko hervorruft...*"

> Die Suche nach Schuldigen als Lernhindernis

Es wird Zeit für eine ganz neue Art des Lernens und Handelns, die uns - als einzelne wie als Gesellschaft, im Privatleben wie im Berufsleben - zukunftsfähig macht.

8 Die Zukunft von Industriearbeit und Lernen im Hochlohnland D

> *Wir arbeiten in Strukturen von gestern*
> *mit Methoden von heute*
> *an Problemen von morgen -*
> *vorwiegend mit Menschen, die in Kulturen von vorgestern*
> *die Strukturen von gestern gebaut haben*
> *und das Übermorgen im Unternehmen*
> *nicht mehr erleben werden.*
> KNUT BLEICHER, Wirtschaftswissenschaftler &
> Vordenker der Unternehmensplaner

Es war einmal ein Land, das unterschied bei seinen Bürgerinnen und Bürgern nur zwischen „arbeitender Bevölkerung" und „Gebildeten". Kaum ein Menschenalter ist das her, und auch bei den Nachbarn dieses Landes mitten in Europa war es nicht viel anders. Die einen wurden belehrt. Sobald sie „ausgelernt" hatten, konnten sie mit zunehmender Erfahrung ihren Beruf ein Leben lang ausüben. Die Besten unter ihnen wurden zum Aufstieg zugelassen. Die andern durften oder sollten sich bilden. Das garantierte ihnen letztlich Führungspositionen, Entscheidungsgewalt, Ansehen und selbstverständlich die höchsten Einkommen.

Mittlerweile funktioniert die Welt nicht mehr so einfach. Die neuen Schlankheitsideale haben sich durchgesetzt - Herausforderung, Gefahr und Chance für Unternehmen und Arbeitnehmer gleichermaßen. Eine mehr oder weniger angriffslustige Qualitätssuche ist ausgebrochen. Technik, soziale Ansprüche, endlich Rücksicht auf Umwelt und künftige Generationen, nicht zuletzt auch ein neues Selbstbewußtsein der Arbeitenden lassen ganz allgemein als unabweisbare Notwendigkeit erscheinen, was einzelne bereits seit Jahrzehnten fordern:

- Zugang zu Information und Bildung für alle - statt veralteter Bildungsprivilegien;
- Weiterbildung lebenslänglich und berufsbegleitend - statt einmaliger Lehre im Jugendalter;
- Bildung als persönlicher Reichtum und Grundlage des eigenen Marktwerts, zugleich als Voraussetzung für betriebliche Wettbewerbsfähigkeit und den internationalen Erfolg ganzer Volkswirtschaften.

Bildung ist Reichtum

Längst kommen in den vorbildlichen, zukunftsorientierten großen wie mittelständischen Betrieben die Belegschaften und ihr Qualifizierungsbedarf nicht mehr vorwiegend dann ins Gespräch, wenn in der Krise nach geeigneter finanzieller Manövriermasse gesucht wird. Arbeitsplatzbezogene Weiterbildung gilt immer häufiger als notwendige Investition. Wartung und planmäßige Wertsteigerung bleiben nicht länger beschränkt auf Maschinen und sonstiges Inventar, sondern werden den Menschen zuteil. Ökonomisch formuliert: Die Humanressourcen gehören zu den wettbewerbsrelevanten Faktoren im Unternehmen.

Wettbewerbsrelevante Investition

8.1 Verfallsdauer des Wissens und Wertewandel

Dennoch: Eine Zahl zwischen 5 und 10 treibt die Bildungsexperten um. Innerhalb von fünf bis zehn Jahren veraltet nach ihren Berechnungen das berufsrelevante Wissen. Insbesondere die berufspraktischen Kenntnisse gelten dann als mehr oder weniger überholt. Weiterbildung als „Runderneuerung" tut not. Immer häufiger wird gefragt: Warum überhaupt drei bis dreieinhalb Jahre lang aufwendige, spezifische Berufsqualifikationen vermitteln, die ohnehin nicht von Dauer sind? Wenn doch mit generellen Arbeitnehmer-Kompetenzen und kurzfristig zu erwerbendem, jeweils top-aktuellem handlungsbezogenem Wissen auch positive Arbeitsergebnisse erreicht werden können?

Die Antwort ist einfach: Weil die Reverwisschnung ohne solide gemeinsame Basis nicht aufgeht. Weder soziale noch berufsorientierte Kompetenzen lassen sich den Menschen von Fall zu Fall überstülpen. Handlungsbezogenes Wissen braucht einen Bezugsrahmen. Wo Qualifikation der Fachkräfte als einer der wichtigsten Standortvorteile im Rahmen weltweiter Vernetzung gilt, sollte nicht mit Stückwerk jongliert werden.

<small>Damit die Rechnung aufgeht</small>

Eine ganz andere Frage ist, wie die Jugendlichen von heute und morgen samt ihren Eltern die Lage sehen, welcher Orientierung sie folgen, welche Schlußfolgerungen sie für eigene Berufsentscheidungen ziehen. Ein Wertewandel hat zweifellos stattgefunden. Allerdings bedeutet er mehr als den deutlich erkennbaren Wechsel von der Arbeits- zur Freizeitgesellschaft, von „Pflichterfüllung" zur Suche nach „Sinn und Spaß", von der Existenzsicherung zur Selbstverwirklichung. Dieser Wertewandel mit seinen Folgen ist durchaus auch Ergebnis eines Lernprozesses.

<small>Folgen eines Lernprozesses</small>

Insbesondere die technisch interessierten und kreativen jungen Leute nehmen zur Kenntnis daß sie sich tunlichst nicht auf das Ziel hochqualifizierter Arbeit in der Fabrik konzentrieren sollten, wenn ihnen Image und Verdienstaussichten als Gesichtspunkte wichtig erscheinen. Es ist seit langem paradox, aber immer noch frustrierende Realität, daß deutlich weniger verantwortungsvolle, weniger innovative, weniger komplexe und weniger unmittelbar gewinn- oder verlustentscheidende Arbeiten in den Büros besser bezahlt werden und deshalb in besserem Ansehen stehen als höchst anspruchsvolle Produktionsarbeit.

Vor den Gefahren, die dem Wirtschaftsstandort Deutschland allein durch dieses ungerechtfertigte Ungleichgewicht demnächst schon drohen, warnt *Burkart Lutz* seit Jahren. Seine Analysen, Argumente und Thesen haben einen ebenso industrie- wie bildungssoziologischen Hintergrund.

Ungleichgewicht nicht gerechtfertigt

- Als Folgen der Bildungsexpansion in den vergangenen Jahrzehnten sieht er zum einen, daß die industriellen Facharbeiterberufe immer stärker ins Abseits geraten - Jugendliche mit mittleren und höheren Schulabschlüssen lernen aus den Erfahrungen ihrer Eltern und entscheiden sich realistischerweise eher für die kaufmännisch-administrative Schiene. Die Ressource Facharbeiternachwuchs ist in Gefahr, denn die „Qualitätssicherung" zu Beginn des Qualifizierungszyklus funktioniert nicht.
- Gleichzeitig, und das verschärft die Problematik, steigt als zweite Folge der Bildungsexpansion der Trend zur Einstellung von mehr schulisch Qualifizierten (Technikern, Ingenieuren) als Nachfolger für ausscheidende Meister. Dieser Trend entwertet nicht bloß gewachsenes Erfahrungswissen und traditionelle betriebliche Aufstiegswege; er ist auch nicht allein auf die zunehmende Komplexität produktionstechnischer Zusammenhänge zurückzuführen. Er trifft darüber hinaus auf eine „Verwissenschaftlichung" ursprünglich sehr praxisnaher Ausbildungsgänge. Wer einigermaßen rechnen

Bildungsexpansion und die Folgen

kann, klug, ehrgeizig und zielstrebig ist, wird also gleich an die (Fach)-Hochschule durchstarten und die eigene Karriere eher nicht auf einer betrieblichen Qualifizierung aufbauen. Dieser Weg bleibt zunehmend dem „Rest" der Schulabgänger vorbehalten.
- Damit wächst die Praxisfremdheit ausgerechnet derjenigen, von denen die erfolgssichernden Innovationen der Zukunft erwartet werden.

Als *worst case scenario* beschreibt *Burkart Lutz*, was vielfach schon praktiziert wird: Immer mehr Industriebetriebe sparen sich die beträchtlichen Kosten der hauseigenen, im idealen Sinne „abnehmerorientierten" Facharbeiterausbildung. Sie sparen sich zugleich das Risiko und die Mühe, Bewerber zu qualifizieren, die möglicherweise den künftigen Anforderungen nicht von vornherein gewachsen sind.

Schlimmstes Szenario ist tägliche Realität

Mit dieser neuen Strategie riskieren sie aber, daß genau jene Quelle versiegt, die bisher kontinuierlich für praxisorientierten Techniker- und Ingenieursnachwuchs und für problemlose Verständigung zwischen den unterschiedlichen Hierarchie-Ebenen sorgte. Ob dieser Verlust aufgewogen wird durch das „Sparen" jener Verluste, die entstehen, wenn die zu Facharbeitern Ausgebildeten gar nicht weiter als solche zur Verfügung stehen?

Bei diesem aus rein betriebswirtschaftlicher Sicht vernünftig scheinenden Spar-Szenario bleiben schon heute Qualifizierungs- und Sozialisierungschancen für zigtausende von Jugendlichen auf der Strecke. Morgen könnte genau dieses Szenario der Grund dafür sein, daß es trotz aller Produktivitätsfortschritte (und daher sinkendem Personalbedarf) nicht mehr gelingt, genügend intelligente, motivierte, kreative, kommunikations-

Spar-Szenario gefährdet die Position im Wettbewerb

und teamfähige junge Menschen für die Arbeit in der Fabrik zu gewinnen. Auf jene Form von Industriearbeit aber kommt es an, die innovativ und menschenorientiert genug ist, daß Deutschland im globalen Wettbewerb weiter bestehen kann und nicht das Feld räumen muß.

8.2 Sieben Thesen und sieben offene Fragen

Zur Definition und Einschätzung des industriellen Qualifikationsbedarfs vor und nach der Jahrtausendwende wurden im *Institut für Sozialwissenschaftliche Forschung/ISF München* eine Reihe von Thesen erarbeitet:

1. Der Bedarf an Arbeitskräften zur Erzeugung eines gleichbleibenden oder weiterhin leicht wachsenden Gütervolumens wird sich deutlich vermindern.

2. Die Schwerpunkte der Personalreduzierung werden künftig allerdings eher im Büro als in der Werkstatt, eher bei den Angestellten als bei den Facharbeitern liegen.

3. Der Bedarf an einfachen, wenig qualifizierten Leistungen wird weiterhin abnehmen. Erhebliche Belastungen an vielen Arbeitsplätzen bleiben jedoch bestehen und dürften die Akzeptanz von Industriearbeit - ganz unabhängig von der Höhe der geforderten Qualifikation - nicht gerade erhöhen.

Abnahmen und Zunahmen

4. Der Bedarf an technischem Wissen wird an tendenziell allen Arbeitsplätzen zunehmen. Gleichzeitig setzen die neuen Teamstrukturen, wenn sie zum erwarteten Erfolg führen sollen,

ein recht hohes Mindestmaß an Gemeinsamkeiten bei sprachlicher Kompetenz, Allgemeinwissen und betrieblichen Erfahrungen voraus.
5. Die Anforderungen an breite, fachübergreifende Kompetenzen werden stark wachsen.
6. Die Bedeutung von „Erfahrungswissen" wird sich deutlich erhöhen.
7. Die Anforderungen an Mobilitätsfähigkeit der Fachkräfte und „Arbeitsmarktgängigkeit" ihrer Qualifikationen werden erheblich steigen.

Offenkundig ist es eine Aufgabe von hoher Dringlichkeit, die noch vorhandenen Elemente und Strukturen von klar definierten und über den jeweiligen Betrieb hinaus verwertbaren beruflichen Qualifikationen zu bewahren. Wenn dies nicht gelingt, ist abzusehen, daß sich das Angebot in einem gefährlichen Gegensatz zum voraussichtlichen Bedarf entwickelt. Damit aber, so argumentiert *Burkart Lutz*, würde die deutsche Industrie „*nicht nur ihre frühere, durch mutige Innovationen wie die industrielle Lehrlingsausbildung oder die Ingenieurschulen erworbene privilegierte Stellung im Wettbewerb um die aktivsten und intelligentesten Nachwuchskräfte definitiv einbüßen. Sie würde damit vor allem eine strategische Ressource verlieren, der sie einen Gutteil ihrer bisherigen Stärke verdankt.*"

Sehr vieles spricht dafür, daß die Bedeutung gerade dieser Ressource im zunehmend weltumspannenden Konkurrenzkampf künftig nicht abnehmen, sondern zunehmen wird.

Zumindest parallel zur weiteren Entwicklung von Zukunftsstrategien für die Bildungspolitik sollte der aktuelle Handlungsbedarf in den Unter-

Höchst dringliche Aufgabe

Verlust einer entscheidenden strategischen Ressource

nehmen bedacht werden. Den Belegschaften gelingt es sicher leichter, den veränderten und erhöhten Anforderungen zu genügen, wenn die Antworten auf eine Reihe von dringlichen, ebenfalls im *ISF München* formulierten Fragen gefunden sind:

1. Wie können ohne unvertretbaren Aufwand die fachübergreifenden (beispielsweise die sozialen und/oder betriebswirtschaftlichen) Kompetenzen der Fach- und Führungskräfte in den Betrieben erhöht werden?

2. Wie kann der Kernbestand der qualifizierten Angelernten (das sind vor allem Frauen und Ausländer) an das Niveau der Facharbeiterqualifikation herangeführt werden?

3. Wie kann die teilweise sehr starke Spezialisierung der heutigen Fach- und Führungskräfte überwunden und damit die Vielfalt ihrer Einsatzmöglichkeiten nachhaltig erhöht werden?

4. Wie kann das Erfahrungswissen der älteren Fach- und Führungskräfte erhalten und ständig aktualisiert werden?

5. Was muß und kann getan werden, damit die - zumeist technisch sehr gut ausgebildeten - jüngeren Fachkräfte eigenes Erfahrungswissen aufbauen können?

6. Wie müßte eine „lernfreundliche" Fertigungstechnik aussehen?

7. Welche Kompetenzen müssen vorlaufend zur Neuorganisation gesichert sein, welche kann man nachträglich vermitteln, was sollte man in der Umstellung lernen?

Praxisnahen, praktikablen Antworten am nächsten ist man in den Unternehmen wohl bei den Fragen 1 und 3 - dank abteilungs-, betriebs- und länderüber-

Erfahrungswissen als eine der zentralen Größen

greifender Projekterfahrungen, die in Lern- und Fertigungsinseln, Impuls-Werkstätten und einer Fülle von Modellversuchen gesammelt werden konnten.

In diesen Lern-Zusammenhängen geschieht es oft, daß die Auszubildenden im Betrieb die Chance als Vorreiter bekommen - im Rahmen ganz unterschiedlicher Förder- und Kooperationsprogramme. Die Palette der Möglichkeiten reicht von den betrieblichen Partnerschaftsprojekten mit „Europa-Dimension" unter Kürzeln wie PETRA, FORCE oder LEONARDO bis zu unternehmensinternen Modellversuchen, die gleichfalls in Zusammenarbeit mit dem *Bundesinsitut für Berufsbildung/BIBB* entwickelt, koordiniert, wissenschaftlich begleitet und dokumentiert werden.

Europäische und betriebliche Dimensionen

Die Projekte heissen beispielsweise DELTA / Dezentrales Lernen in Teamarbeit oder Lernen im Arbeitsprozeß; es gibt Lerninseln für kaufmännische wie für technische Berufe, wo Routiniers und Auszubildende, Praktikanten oder Studierende der Berufsakademien, erfahrene Facharbeiter und jugendliche Berufsanfänger gemeinsam in eigener Regie Lösungen für die aktuelle Praxis erarbeiten.

Lehrlinge erarbeiten Lösungen für alle

Die Komplexität der Produktionsprozesse selbst ist Lerngegenstand und Lehrmittel zugleich. Eigeninitiative, Urteilsfähigkeit, Selbstorganisation, Verständnis für größere Zusammenhänge, Verantwortung in der Gruppe und für die Qualität der Arbeitsergebnisse, das Verknüpfen von Lernen und Arbeit (immer häufiger in berufsgemischten Gruppen), Handlungsfähigkeit in vernetzten Strukturen, kurz: berufliche Souveränität ist das Ziel.

8.3 Von der „Salonfähigkeit" industrieller Produktion

Über alle bildungspolitisch und betriebsspezifisch wichtigen Ansätze hinaus stellt sich freilich die eine grundsätzliche Frage nach Wert und Stellung der industriellen Produktion in Deutschland. Was - abgesehen vom Spaß und dem persönlichen Gewinn - bliebe letztlich von den in Teamarbeit und international vernetzten Strukturen, dezentral und berufsübergreifend erworbenen fachlichen und sozialen Kompetenzen, wenn mittlerweile die Orte verschwunden wären, an denen sie zum Einsatz kommen und Rendite bringen sollten?

Burkart Lutz hat rund um diese Frage eine Fortsetzung des „Käseglocken-Szenarios" mit unerwarteten Weiterungen gewagt:

- Die Bedingungen und Konsequenzen jener Inseln des Reichtums aus Kapitel 7 und die der sie umgebenden ökologischen Wüsten werden nicht nur zwischen den Ländern des reichen Nordens und des armen Südens die Diskrepanzen verschärfen. Neue Ungleichgewichte werden darüber hinaus auch in und zwischen den bisherigen Industrieländern entstehen.
- Da nach den traditionellen Regeln industrieller Praxis die Produktion immer dorthin zieht, wo billige Arbeitskraft reichlich vorhanden ist, hätten in Europa (allein unter diesem einen Gesichtspunkt betrachtet) zum Beispiel Portugal und Irland weit bessere Zukunftsperspektiven als Deutschland.
- Da aber hierzulande die vergleichsweise hohen Löhne und das erreichte allgemeine Wohlfahrtsniveau nach Möglichkeit gehalten werden sollen, ist nicht der Verzicht auf industrielle

Produktion, sondern ihre intelligente Umgestaltung die Lösung.

Im Rahmen einer der kreativen Klausurtagungen des *Expertenkreises* entwickelte *Burkart Lutz* die Vision: *„Vielleicht wird in Zukunft die entscheidende Stärke eines mit anderen konkurrierenden Megafraktals (wie Deutschland oder Europa) in seiner Fähigkeit liegen, Industrie in die Wohlstandsinseln zu integrieren, statt sie in die Vorstädte, in die Slums hinauszuschieben ... Könnte es nicht gelingen, industrielle Produktion zu einer „salonfähigen" Leistung zu machen? Zu einer jener Arbeitsleistungen, die dem Wohlstandsteil der Bevölkerung angemessen erscheinen, wie dies heute vor allem für Dienstleistungen, Wissenschaft und Forschung gilt?"*

Integration statt Abschiebung

Das Jahr 2010 kommt rascher als vermutet, befürchtet oder erhofft. Der Faktor Zeit gewinnt noch an Bedeutung. Zur Umsetzung dieser Utopie dürften die wenigen Dutzend Monaten bis zur Jahrtausendwende kaum ausreichen. Doch als motivierender Entwurf für eine ebenso menschen- und umweltverträgliche wie effiziente und wohlstandssichernde Industrie sollte das Bild von der „Salonfähigkeit" der Produktion im Gespräch bleiben. Zur Umsetzung bieten sich Telematik, Nano-, Informations- und Kommunikationstechnologie, Solar-, Sensor-, Bio-, Plasma- und Lasertechnik, Mechatronik, Mikro- oder Optoelektronik neben einer Fülle von bislang noch nicht voll einsatzfähigen Technologien an.

8.4 Perspektive 2010: Konzepte und Profile

Noch immer verbreiten Wirtschaftsverbände und Politiker die These, der bedrohlich-folgenschwere Mangel an qualifizierbarem Berufsnachwuchs in der Industrie sei überwunden, sobald es nur gelinge, die Absolventen höherer Schulen vom Studium abzuhalten und zurückzulocken ins System der bewährten dualen Ausbildung.

Schlimmer als reines Wunschdenken

Diese These dürfte sich als reines Wunschdenken, schlimmer noch: als eine weitere *Patendlösung* à la *Watzlawick* entpuppen. Es gibt schließlich schon jetzt tausende von jungen Menschen, die sich unmittelbar nach erfolgreich abgeschlossener Berufsausbildung arbeitslos vor den Toren „ihres" Betriebes wiederfinden. Viele Sozialwissenschaftler, Arbeitsmarkt- und Berufsforscher warnen seit Jahren, daß die Zusammenhänge zwischen Qualifizierung und Arbeitswelt nicht so platt zu sehen sind.

- Die Zahl der erforderlichen Fachkräfte in der Produktion geht genauso zurück wie die Zahl der betrieblichen Aufstiegspositionen.
- Die fachinhaltlichen und intellektuellen Ansprüche wachsen - das spricht für gute schulische Vorbildung; es wachsen auch die emotional-nervlichen Belastungen - das spricht gegen die Attraktivität der industriellenFertigungsberufe.

Zwischen Zumutbarkeit und Luxus

- Einerseits gilt es als „zumutbar", daß frisch qualifizierte Fachkräfte allenfalls in zeitlich befristete oder anderweitig eingeschränkte Arbeitsverhältnisse übernommen werden, auf der anderen Seite leistet man sich den Luxus, sie als Hilfsarbeiter oder auf Angelerntenpositionen zu beschäftigen. Ganz abgesehen vom finanziellen Aspekt bedeutet das einen krassen Verlust an professionellem Selbstwertgefühl und persönlicher Motivation - aber auch an lebendiger Innovationskraft für die Betriebe.

Drastische Verluste

Auch *Manfred Tessaring* vom *Institut für Arbeitsmarkt- und Berufsforschung/IAB* der Bundesanstalt für Arbeit hatte schon 1993 den langfristig erheblichen Geburtenrückgang und die möglicherweise anstehenden Verteilungskämpfe um den Berufsnachwuchs im Blick: „*Die Demographie jedenfalls kann man nicht wegdiskutieren... Wenn sich die Attraktivität der betrieblichen Ausbildungsangebote samt der darauf aufbauenden Berufswege nicht erhöht (und vieles deutet genau darauf hin), dann dürfte der Trend 'weg vom Dualen System' anhalten.*"

Demographie als Argument

Um bei einem denkbaren völligen Zusammenbruch des Dualen Systems im Bereich industrieller Produktion zumindest die Chance zu wahren, eine grundlegend neue und künftigem Bedarf entsprechende Form von Ausbildung zu gestalten, sieht Burkart Lutz einen einzigen Weg: „*Anzuvisieren ist ein ganz neuer Typus industrieller Arbeitskraft - er kombiniert wesentliche Merkmale des heutigen Facharbeiters (vor allem seine Fähigkeit zur Kooperation und zum Aufbau reichhaltigen Erfahrungswissens) mit dem technischen Wissen und den technischen Kompetenzen, die heute als ingenieurtypisch gelten.*"

Ein ganz neuer Typ industrieller Arbeitskraft

Dieser neue „Facharbeiter-Ingenieur" wird sich natürlich nicht begnügen mit dem traditionellen Image qualifizierter Produktionsarbeit in der Industrie - vor allem nicht mit ihrer fortdauernden Unterbewertung gegenüber der sogenannten „geistigen" Büroarbeit. Nur dann lassen sich begabte und durchschnittlich ehrgeizige Nachwuchskräfte in ausreichender Zahl für diesen potentiellen Berufstypus gewinnen, wenn sie Vorteile erkennen können und gesichert sehen im Vergleich mit jenen Berufspositionen, die bislang nach „höherer Bildung" winken. Stichworte: Verdienststrukturen, Arbeitsstrukturen, Karrieremuster.

Neue Attraktivität

Dieser neue „Facharbeiter-Ingenieur", egal ob männlich oder weiblich, könnte dem Industriestandort Deutschland ganz neue Attraktivität verleihen, weil künftig unerläßliche Qualifikationen und Kompetenzen im Berufsbild bereits enthalten sein könnten:

- die Fähigkeit zum Wahrnehmen und Nutzen von Kreisläufen, zur Kooperation in Wertschöpfungsketten, zum service- und marktorientierten Denken;
- die Offenheit für neue Formen der Arbeitsteilung und zur Kommunikation mit Partnern aus unterschiedlichen Kulturen;
- die Souveränität, nach Konsenslösungen zu suchen und auf Machtargumente zu verzichten;
- die Bereitschaft, jede Chance zum Lernen zu nutzen - mit Kunden und Kollegen, von Konkurrenten und Lieferanten, und
- nicht zuletzt die Voraussetzung dafür, die seit langem vielbeschworene engere Kooperation zwischen Wissenschaft und Industrie endlich mit Leben zu füllen.

Ein überzeugendes Signal

Das Schlüsselproblem sieht *Burkart Lutz* in der Notwendigkeit, sehr drastisch das Gleichgewicht zwischen Theorie und Praxis neu zu definieren. Um jungen Menschen und ihren Eltern ein überzeugendes Signal zu vermitteln, müßten geradezu spektakuläre Umschichtungen innerhalb des Bildungsbudgets stattfinden. Damit könnte der Erwerb von praktischer Erfahrung außerhalb schulischer Zusammenhänge „positiv diskriminiert" werden. Weil das nicht ohne Eingriffe in seit langem bestehende Strukturen und Privilegien geht, ist *Lutz* allerdings nicht allzu optimistisch.

Er befürchtet, *„daß die Politik vor allen zukunftsweisenden Entscheidungen zurückschreckt und daß die Unternehmen, wenn sie unter akuten Handlungsdruck geraten, den Ausweg vermehrten Einsatzes von Hoch- und Fachhochschulabsolventen beschreiten. Das bringt zwar kurzfristig Entlastung, blockiert aber alle langfristigen Lösungen. Das Risiko ist hoch, daß sich Marktversagen mit Politikversagen kombiniert."*

Marktversagen plus Politikversagen?

8.5 Strategische Leitsätze wider das Weniger-Prinzip

Im Sommer 1995 plädierten bei einem vom *Bildungswerk der Bayerischen Wirtschaft* organisierten Erfahrungsaustausch eine Reihe von Ausbildungsleitern vehement gegen das sogenannte Weniger-Prinzip: weniger Auszubildende, noch weniger Ausbilder, am allerwenigsten Geld...

Die Argumente zugunsten einer Ausbildung im Betrieb sind bekannt und rasch aufgezählt: Voraussetzung für eine erfolgreiche Qualitätssicherung; Quelle wesentlicher Informationen und Neuerungen im Unternehmen; durchaus auch gewinnbringende Investition; Ausgangspunkt für den „heimlichen Lehrplan" in der Arbeitswelt; Basis für Flexibilität und Mobilität. Doch in Zeiten von *jobless growth*, von Wirtschaftswachstum bei steigender Arbeitslosigkeit, gelten derartige Begründungen vielfach nicht mehr als stichhaltig.

Gute Argumente entwertet durch jobless growth

„In der wirtschaftlichen Flaute wird falsch gespart", monieren manche Unternehmensberater seit langem. Die Schwierigkeit liegt zum Teil in der Unmöglichkeit, eingefleischten Kostenrechnern die Rentabilität oder gar einen gewinnsteigernden Effekt von betrieblicher Ausbildung in Mark und Pfennig zu präsentieren. Eher schon sind die innovationsförderlichen Auswirkungen von Weiterbildung plausibel zu machen. Doch „weiter" von welchem Startpunkt aus?

In Kosten-Nutzen-Rechnungen geht es um Faktorpreise und ihr Beziehungsgeflecht: Grund und Boden, Produktionsmittel, Rohstoffe, Arbeitskräfte... Allzu selten tauchen Größen auf in diesem Kalkül wie sozialer Friede oder Veränderungskompetenz.

Kaum beachtete Faktoren

„Unser Gold sind die kleinen grauen Zellen der Mitarbeiter" - diese Einschätzung läßt sich fast noch als Geheimtip handeln. Vielleicht mangelt es allzu oft nur am Willen oder an der praktischen Phantasie, um zu handeln nach diesem Tip? *Hans Dieter Lesch* von den *Kautex Werken, Bonn* jedenfalls präsentierte bei den 3. Karlsruher Arbeitsgesprächen im Frühjahr 1996 schlüssig seine Argumente: *„Wenn Deutschland die teuersten Arbeiter der Welt mit der kürzesten Arbeitszeit hat, dann gilt es gerade hier, diese wertvolle Ressource zu nutzen. Hochwertige Technik ist nach unserer Erfahrung in Deutschland am preiswertesten verfügbar. Diesen Vorteil müssen wir mit effizienter Arbeitsweise nutzen zur Lösung der Probleme in Deutschland. Das verschafft uns auch die notwendige Innovationsbasis für Produkte und Prozesse mit dem hohen Ziel, nicht nur Klassenbester zu werden, sondern selbst die Regeln zu schreiben, nach denen sich andere richten."*

Als Klassenbester selbst die Regeln schreiben!

Als Quintessenz der Arbeit im *Expertenkreis* „Zukunftsstrategien" hat *Burkart Lutz,* ihr Sprecher, eine Reihe von strategischen Leitsätzen formuliert. Sie folgen hier in Form einer Zwischenbilanz auf dem weiteren Weg ins 21. Jahrhundert.

Zwischenbilanz in acht Punkten

STRATEGISCHE LEITSÄTZE DES EXPERTENKREISES ZUKUNFTSSTRATEGIEN

- Viele Unternehmen sind noch in den Strukturen gefangen, die unter grundlegend anderen Rahmenbedingungen funktional waren. Die Wiedergewinnung und Aufrechterhaltung von Strategiefähigkeit ist für sie eine Aufgabe höchster Priorität.

- Das hohe Wohlfahrtsniveau in Deutschland ist nur zu halten, wenn es gelingt, Deutschland als Industriestandort zu sichern.

- Diese Sicherung erfordert
  - eine verstärkte Internationalisierung industrieller Produktion;
  - eine nachhaltige Stärkung und bessere Nutzung der „weichen" Strategieressourcen wie Kompetenzen, Organisation, Motivation und Kooperation;
  - eine deutliche Erhöhung der Fähigkeit zu schnelleren Innovationen mit größerer Reichweite (Sprunginnovationen) und unverzügliche Umsetzung in erfolgreiche Produkte.

- Zukunftsweisende Innovationen müssen vor allem darauf gerichtet sein, alte und neue Technologien zu kombinieren und den Dienstleistungsgehalt industrieller Produktion nachhaltig zu erhöhen. Damit stellen sich auch neue An-

Nutzung „weicher Strategieressourcen"

forderungen an die Organisation und an Qualifikation und Motivation der Mitarbeiter.

Voraussetzungen für erfolgreiche Reaktionsfähigkeit

- Die Fähigkeit der Unternehmen, erfolgreich auf die Herausforderungen des 21. Jahrhunderts zu reagieren, setzt eine wesentlich offenere, dezentralisierte und kooperative Organisation voraus.

- Dezentralisierung, Offenheit, horizontale Kommunikation und Kooperation innerhalb der Unternehmen wie über Unternehmensgrenzen hinaus stellen wesentlich neue Anforderungen an Integration und Kohäsion der Unternehmen, an effiziente Anreiz- und Kontrollsysteme.

Neue Wege der Nachwuchssicherung

- Da die deutsche Industrie weiterhin intelligenten Nachwuchs für praktisch-technische Aufgaben benötigt, die traditionellen Formen der Rekrutierung aber schon heute nicht mehr funktionieren, muß sie ganz neue Wege beschreiten, also beispielsweise

  - neue, „hybride" Berufsbilder und Tätigkeitsprofile entwickeln (wie Organisationsingenieurin, Technischer Kaufmann, Personalmeister);

  - attraktive Berufswege öffnen für junge Menschen, die bereit sind, eine praktische Ausbildung zu machen und längere Zeit als „Facharbeiter neuer Art" tätig zu sein;

  - angemessene Verdienststrukturen schaffen.

- Sehr vieles spricht dafür, daß Einzellösungen für Teilprobleme wirkungslos bleiben werden. Notwendig sind vielmehr ganzheitliche, umfassende Lösungen. Doch genau für deren Konzeptionierung und Realisierung fühlt sich in unserer arbeitsteiligen Gesellschaft offenbar niemand mehr zuständig.

Phantasie, Kreativität, Erfindungskraft, Utopien, Begeisterung und Entschlossenheit gehören zum geistigen Handwerkszeug all derjenigen, die bereit sind, etwas dazu beizutragen, daß der „Quantensprung" der Industrie ins nächste Jahrtausend gelingt. Als Rückenstärkung und Aufmunterung zum Blick voraus steht abschließend ein Satz der Dichterin *Ricarda Huch*, deren Leben vor einem halben Jahrhundert zuende ging:

Zukunftslos nenne ich diejenigen
die sich nicht mehr weiterentwickeln können
und doch nicht sterben wollen -
die bleiben wollen
wie sie sind.

Die Mitglieder des Expertenkreises Zukunftsstrategien und seiner Arbeitsgruppen

DR.-ING. BERND-DIETMAR BECKER
  AESOP Consult, Stuttgart

DR. PETER BRÖDNER
  Institut Arbeit und Technik,
  Gelsenkirchen

DR. MANFRED DEISS
  Institut für Sozialwissenschaftliche
  Forschung e.V. - ISF München

PROF. DR. MEINOLF DIERKES
  Wissenschaftszentrum Berlin - WZB

DIPL.-ING. ANDREAS DRINKUTH
  IG Metall, Frankfurt

DR. GISELA DYBOWSKI
  Bundesinstitut für Berufsbildung - BIBB
  Berlin

PROF. DR.-ING. KLAUS EHRLENSPIEL
  Technische Universität München

DR. HEINER FLASSBECK
  Deutsches Institut für Wirtschaftsforschung
  Berlin

BRUNO FREUND
  Siemens AG, München

PROF. DR. MICHAEL FRITSCH
  Technische Universität Bergakademie
  Freiberg

MA WALTER GANZ
  Fraunhofer-Gesellschaft, Institut für
  Arbeitswirtschaft und Organisation
  FhG-IAO Stuttgart

DR.-ING. GÜNTER GEIGER
REFA-Verband für Arbeitsgestaltung
Betriebsorganisation und Unternehmens-
entwicklung e.V., Darmstadt

DR. WOLFGANG GEISLER
Volkswagen AG, Wolfsburg

DR.-ING. MATTHIAS HARTMANN
Fraunhofer-Gesellschaft, Institut Fabrikbetrieb
und -automatisierung - FhG-IFF Magdeburg

PD DR. HARTMUT HIRSCH-KREINSEN
Institut für Sozialwissenschaftliche
Forschung e.V. - ISF München/Darmstadt

PROF. DR. HELMUT JABERG
KSB AG, Frankenthal

HANS KLINGEL
Trumpf GmbH & Co, Ditzingen

DIPL.-KFM. BERTRAM KÖNIG
Fraunhofer-Gesellschaft, Institut Fabrikbetrieb
und -automatisierung - FhG-IFF Magdeburg

DR. HANS KOLLER
Lehrstuhl für Allgemeine und Industrielle
Betriebswirtschaftslehre, Technische
Universität München

ULF-WILHELM KUHLMANN
Daimler Benz AG, Stuttgart

DR. GUNTER LAY
Fraunhofer-Institut für Systemtechnik und
Innovationsforschung - FhG-ISI Karlsruhe

PROF. DR. BURKART LUTZ
Institut für Sozialwissenschaftliche
Forschung e.V. - ISF München

DR. CHRISTIAN MAYER
Roland Berger & Partner GmbH, Stuttgart

MA PAMELA MEIL
Institut für Sozialwissenschaftliche
Forschung e.V. - ISF München

DR.-ING. EBERHARD MERZ
Freudenberg Dichtungs- und Schwingungstechnik, Weinheim

DIPL.-KFM. MARKUS NÜTTGENS
Institut für Wirtschaftsinformatik
Saarbrücken

PROF. DR. MARGIT OSTERLOH
Institut für betriebswirtschaftliche Forschung,
Universität Zürich

MAX JOSEF PROBST
Mönchen-Gladbach

PROF. DR. LUTZ VON ROSENSTIEL
Institut für Psychologie, Organisations- und
Wirtschaftspsychologie, Universität München

PROF. DR. DR. RALF REICHWALD
Lehrstuhl für Allgemeine und Industrielle
Betriebswirtschaftslehre, Technische
Universität München

PROF. DR. HILTMAR SCHUBERT
Fraunhofer-Institut für Chemische
Technologie - FhG-ICT Pfinztal (Berghausen)

DR. ROLAND SPRINGER
Mercedes Benz AG, Stuttgart

ASS. JUR. BIRGER STEINBRÜCK
Sony Deutschland GmbH, Köln

PROF. DR.-ING. DIETER TISCHENDORF
Technologie Centrum Chemnitz GmbH

DR. VOLKER VOLKHOLZ
Gesellschaft für Arbeitsschutz und
Humanisierungsforschung - GfAH Dortmund

PETER WEINMANN
Compagnie de Saint-Gobain, Aachen

DR.-ING. GERD WITT
ABB Service GmbH Halle, Berlin

PROF. DR. ERICH ZAHN
Lehrstuhl für Betriebswirtschaft, Universität
Stuttgart.

DR. KARL-FRIEDRICH ZIEGAHN
Fraunhofer-Institut für Chemische
Technologie - FhG-ICT Pfinztal (Berghausen)

Literatur und Quellen

Das vorliegende Buch basiert vor allem auf den unveröffentlichten Protokollen der verschiedenen Konferenzen des Expertenkreises Zukunftsstrategien *und der Sitzungen seiner Arbeitskreise, sowie auf Gesprächen, Expertisen und den Dokumentationen dreier Fachkonferenzen: in Karlsruhe, März 1996, sowie in Bonn, März und Juni 1996. Arbeitsergebnisse des Expertenkreises sind in drei Bänden veröffentlicht (Lutz et al. 1996; Meil 1996; Sauer et al. 1996). Darüber hinaus standen als Quellen die folgenden Publikationen zur Verfügung, die weiterführende Informationen und Anregungen enthalten.*

Arbeitgeberverband Gesamtmetall (Hrsg.): Den Wandel gemeinsam gestalten - Die Wettbewerbsfähigkeit sichern. Köln 1995.

Bey, Ingward (Hrsg.): Tagungsband Karlsruher Arbeitsgespräche 1996, Rahmenkonzept „Produktion 2000" des Bundesministeriums für Bildung, Wissenschaft, Forschung und Technologie, Projektträger für Fertigungstechnik und Qualitätssicherung, Karlsruhe 1996.

Böhle, Fritz: Die zentrale Rolle von „Erfahrungswissen". In: Holzamer (Hrsg.) 1996, S. 88-92

BUND (Hrsg.): Zukunftsfähiges Deutschland - Eine Studie des Wuppertal Instituts im Auftrag von BUND und MISEREOR, Kurzfassung, Bonn 1995

CEDEFOP (Hrsg.): Der Unterricht an berufsbildenden und technischen Schulen. Berufsbildung Heft Nr. 2/1992

CEDEFOP (Hrsg.): Die Erzeugung von Kompetenzen im Unternehmen. Berufsbildung Heft Nr. 5/1995 II

Cube, Felix von: Lust an Leistung. In: REFA-Nachrichten 2/95 und 3/96

Dierkes, Meinolf: Diskussionsbeiträge im unveröffentlichten Protokoll des Expertenkreises, Niederpöcking 1995

Dybowski-Johannson, Gisela: Lebendiges Lernen im Betrieb. In: Bildung und Beruf, Süddeutsche Zeitung, 15./16. 6.96, S.57

Endres, Egon: Zwischenbetriebliche Kooperation aus prozessualer Perspektive. In: Sauer u.a. 1996

Engelken, Gerhard: Reorganisation von Unternehmensprozessen am Beispiel der Carl Schenck AG. In: Bey (Hrsg.) 1996, S. 193-203

Europäische Kommission, GD XIII/D-2 (Hrsg.): Innovations- & Technologietransfer, Sonderausgabe „Grünbuch zur Innovation", Brüssel 1996

Forschungszentrum Karlsruhe, PFT-Dresden (Hrsg.): Protokoll des Expertengesprächs in Bonn am 26. März 1996

Frey, Dieter: Führen durch Fragen. In: Holzamer (Hrsg.) 1996, S. 104-110

Geiger, Günter: Neue Formen der Zusammenarbeit bei der Carl Schenck AG, unveröffentlichtes Protokoll der Arbeitsgruppe 2 des Expertenkreises, München 1995.

Geiger, Günter: Notwendigkeit für die Änderung des Verhaltens der Vorgesetzten und Empfohlene Maßnahmen, in: REFA-Verband e.V. (Hrsg.), S. 5 und S. 72

Greiner, Larry E.: Evolution und Revolution im Wachstum von Organisationen. In: Harvard Manager, Führung und Organisation, Bd. 2, Hamburg o.J.

Hiessl, H., Meyer-Krahmer, F., Schön, M.: Auf dem Weg zu einer ökologischen Stoffwirtschaft. In: GAIA 4/95, Heft Nr. 2, S. 89-99

Hirsch-Kreinsen, Hartmut: Restrukturierung von Unternehmen - Ziele, Formen und Probleme dezentraler Organisationen. In: Lutz u.a. 1996, S. 195-223

Holzamer, Hans-Herbert (Hrsg.): Ausbildung! Qualifizierung! Arbeit?, München 1996

Hormann, John: Arbeiten in der Lernwelt - Lernen in der Arbeitswelt. In: Holzamer (Hrsg.) 1996, S. 17-20

Hormann, John: Management am Scheideweg. In: Holzamer (Hrsg.) 1996, S. 12-16

Imai, Masaaki: Kaizen - Der Schlüssel zum Erfolg der Japaner im Wettbewerb, München 1992

ISF (Hrsg.). Dokumentation der Fachkonferenz „Strategiefähigkeit und Zukunftssicherung der deutschen Industrie" vom 21. Juni 1996 (voraussichtl. Sonderpublikation des VDI-Z, Düsseldorf)

Jung, Bernd: Globaler Arbeitsmarkt - Folgerungen für den Industriestandort Deutschland. In: Bey (Hrsg.) 1996, S. 301-307.

Kasek, Leonhard (Hrsg.): Zukunft der Arbeit - Arbeitspapiere aus dem Arbeitskreis SAMF, Gelsenkirchen 1995

Klein, Stefan; Deckstein, Dagmar: Geldverdienen im globalen Dorf, Süddeutsche Zeitung, S. 3 vom 22. Mai 1996

Klingel, Hans: Produkt- und Prozeßinnovation am Beispiel eines mittelständischen Maschinenbauunternehmens - Innovationsmanagement im Maschinenbau. In: Bey (Hrsg.) 1996, S.24-40.

Klingel, Hans; Hartmann, Matthias: Standortsicherung durch Steigerung der Innovationsfähigkeit. In: ISF (Hrsg.): Konferenzdokumentation 1996

Klingel, Hans; Jürgens, Ulrich: Internationalisierung als Struktur und Strategie im Werkzeugmaschinenbau - das Beispiel der Firma Trumpf. In: Meil (Hrsg.) 1996, S. 27-56

Kreibich, Rolf: Leitbild und Chancen für das Wirtschaften in Kreisläufen mit integrierten Logistikkonzepten. In: Bey (Hrsg.) 1996, S. 41-63.

Lay, G.; Dreher, C.; Kinkel, S.: Neue Produktionskonzepte leisten einen Beitrag zur Sicherung des Standorts Deutschland - FhG-ISI, Mitteilungen aus der Produktionsinnovationserhebung 1, Karlsruhe 1996

Lay, Gunter: Erfolgreiche Reorganisationsmaßnahmen und notwendiger Handlungsbedarf. In: Bey (Hrsg.) 1996, S. 217-229.

Lesch, Hans Dieter: Kautex und Komet. In: Bey (Hrsg.) 1996, S. 319-322

Lutz, B.; Hartmann, M.; Hirsch-Kreinsen, H.: Produzieren im 21. Jahrhundert - Herausforderungen für die deutsche Industrie - Ergebnisse des Expertenkreises „Zukunftsstrategien" Band I. Frankfurt/Main, New York 1996

Lutz, Burkart: Dynamisierung und Globalisierung der Industrie. In: Bey (Hrsg.) 1996, S.17-23.

Medienwerkstatt Berlin e.V.: Produktionsstrategien des 21. Jahrhunderts. Fünfteiliger Videofilm, Berlin 1996. Außerdem verschiedene Videos mit Broschüren zu Modellversuchsreihen des Bundesinstituts für Berufsbildung, BIBB, Berlin seit 1993

Meil, Pamela (Hrsg.): Globalisierung industrieller Produktion - Strategien und Strukturen - Ergebnisse des Expertenkreises „Zukunftsstrategien" Band II. Frankfurt/Main, New York 1996.

Mendius, Hans Gerhard: Ein Come-back für den Faktor Arbeit. In: Kasek (Hrsg.) 1995, S. 9-28

Merz, Eberhard: Strategische Neuausrichtung in Europa. In: Meil (Hrsg.) 1996, S. 149-165

Müller, Dietmar: Veränderungsorientiertes Management- und Mitarbeiterverhalten: Einführen und Wirken der Gruppenarbeit im neuerrichteten Werk Eberswalde der Firma THIMM Verpackung GmbH + Co. In: Bey (Hrsg.) 1996, S. 204-213

Naisbitt, John: Megatrends 2000, Düsseldorf 1992

Naisbitt, John: Megatrends, Bayreuth 1984

REFA-Verband e.V. (Hrsg.): Die veränderte Rolle der Führungskraft in der Lean Company, Darmstadt 1995

Reichwald, Ralf; Koller, Hans: Integration und Dezentralisierung von Unternehmensstrukturen. In Lutz u.a. 1996, S. 225-294

Sauer, Dieter; Hirsch-Kreinsen, Hartmut (Hrsg.): Zwischenbetriebliche Arbeitsteilung und Kooperation - Ergebnisse des Expertenkreises „Zukunftsstrategien" Band III, Frankfurt/New York 1996

Schrader, Stephan: Organisation der zwischenbetrieblichen Kooperation. In: Sauer u.a. 1996

Schrempp, J.; Schröder, G.; Mosdorf, S.: Innovation als Wettbewerb - Memorandum zum Asien-Europa-Gipfel. In: taz vom 28.2.1996, S. 6-7

Schubert, Hiltmar; Ziegahn, Karl-Friedrich: Umweltprobleme der Zukunft - Plausible Zukunftsbedingungen für die industrielle Produktion im 21. Jahrhundert. In: Lutz u.a. 1996, S. 69-101

Schultz-Wild, Rainer: Zwischenbericht Juli 1996 zum Projekt „Internationalisierung der Produktion - Globale Netzwerke zur Sicherung des Industriestandorts Deutschland", München 1996

Sendlinger, Günther, in Dagmar Deckstein: Der kapitale Drang nach Osten, Süddeutsche Zeitung vom 6. Mai 1996, S. 12

Tessaring, Manfred: Das Duale System der Berufsausbildung in Deutschland - Attraktivität und Beschäftigungsperspektiven, Nürnberg 1993

Tikart, Johann: Direkter Weg zu einer Lean Company. In: Personalwirtschaft/Jubiläumsheft o.J. und in: impulse 9/95

van Dieren, Wouter: Mit der Natur rechnen - Der neue Club-of-Rome Bericht - Vom Bruttosozialprodukt zum Ökosozialprodukt, Basel 1995

Volkholz, Volker: Diffusionsprobleme von Reorganisations- und Gestaltungswissen. In: Forschungszentrum Karlsruhe, PFT-Dresden (Hrsg.), 1996

Watzlawick, Paul: Vom Schlechten des Guten oder Hekates Lösungen, München 1986

Wilhelm, Klaus-Jürgen: Internationalisierung eines Elektrotechnischen Unternehmens - Das Beispiel ABB. In: Meil (Hrsg.) 1996

Wolf, Georg: Reorganisation im Produktionsbereich der YMOS AG. In: Unveröffentliches Protokoll der Arbeitsgruppe 2 des Expertenkreises, Darmstadt/München 1995

MIX
Papier aus verantwortungsvollen Quellen
Paper from responsible sources
FSC® C105338

If you have any concerns about our products,
you can contact us on
ProductSafety@springernature.com

In case Publisher is established outside the EU,
the EU authorized representative is:
**Springer Nature Customer Service Center GmbH
Europaplatz 3, 69115 Heidelberg, Germany**

Printed by Libri Plureos GmbH
in Hamburg, Germany